"互联网+"新形态立体化教学资源精品教材

氢燃料电池汽车原理与维护

主 编 ◎ 李 洪 李敏强 印晨晖 李南林

中国轻工业出版社

图书在版编目（CIP）数据

氢燃料电池汽车原理与维护／李洪等主编. -- 北京：中国轻工业出版社, 2025. 4. -- ISBN 978-7-5184-5247-7

Ⅰ．U469.72

中国国家版本馆CIP数据核字第2024GG8457号

责任编辑：李　争
策划编辑：刘忠波　李　争　　责任终审：李建华　　　封面设计：锋尚设计
版式设计：致诚图文　　　　　责任校对：刘小透　晋　洁　　责任监印：张京华

出版发行：中国轻工业出版社（北京鲁谷东街5号，邮编：100040）
印　　刷：天津裕同印刷有限公司
经　　销：各地新华书店
版　　次：2025年4月第1版第1次印刷
开　　本：787×1092　1/16　印张：8.5
字　　数：212千字
书　　号：ISBN 978-7-5184-5247-7　定价：42.00元
邮购电话：010-85119873
发行电话：010-85119832　010-85119912
网　　址：http://www.chlip.com.cn
Email：club@chlip.com.cn
版权所有　侵权必究
如发现图书残缺请与我社邮购联系调换
241885J1X101ZBW

本书编写人员

主　编　李　洪　李敏强　印晨晖　李南林

副主编　袁　浩　杨　瑞　刘祥凯

参　编　逯云杰　宋志峰　李晓晨

主　审　王术新

前　言

随着全球能源结构的深刻变革和环保意识的持续增强，新能源技术与应用已经成为推动社会可持续发展的重要力量。在这一背景下，氢燃料电池汽车以其零排放、高效率、长续航等诸多优势，逐渐走进人们的视野，并展现出巨大的市场潜力。为了深化新能源技术的普及与应用，培养更多具备专业技能和前瞻视野的人才，上海中侨职业技术大学与上海汉翱新能源科技有限公司携手合作，共同编写了这本《氢燃料电池汽车原理与维护》教材。

本次合作，我们汇聚了上海汉翱新能源科技有限公司的技术专家和上海中侨职业技术大学的优秀学者，共同致力于将新的科研成果、实践经验以及教学需求融入教材之中。在编写过程中，我们注重理论与实践的紧密结合，既深入阐述了氢燃料电池汽车的基本原理、结构特点、性能评价等方面的知识，又详细介绍了氢燃料电池汽车的维护、故障诊断与排除等实用技能。

同时，我们还特别关注新能源技术的近期发展动态，及时将新的研究成果和技术趋势纳入教材之中，确保内容的前沿性和时代性。此外，教材还采用了丰富的图表、图片和实例，使内容更加生动直观，便于读者学习和理解。

我们相信，这本《氢燃料电池汽车原理与维护》教材的出版，将为新能源领域的教学和人才培养提供有力的支持。它将有助于广大学生和从业者更好地掌握氢燃料电池汽车的相关知识和技能，为推动我国新能源产业的发展和转型升级贡献智慧和力量。

最后，我们要感谢所有参与教材编写和审阅工作的专家学者，正是有了他们的辛勤付出，这本教材才得以顺利出版。同时，我们也期待广大读者在使用过程中提出宝贵的意见和建议，以便我们不断完善和更新教材内容，更好地服务于新能源领域的教学和人才培养工作。让我们携手共进，共同推动氢燃料电池汽车技术的创新与应用，为构建绿色、低碳、可持续的未来贡献力量。

编者

2025 年 1 月

目 录

项目一 氢燃料电池汽车的发展与工作原理 ………………… 1
  任务 1 概述氢燃料电池汽车的发展历程 ……………… 1
  任务 2 解析氢燃料电池汽车的工作原理 …………… 11
  实训：氢燃料电池汽车基础认知 ……………………… 15

项目二 氢燃料电池系统组成 ……………………………… 18
  任务 1 解析燃料电池系统的原理与组成 …………… 18
  任务 2 解析燃料电池堆的原理与组成 …………… 21
  任务 3 解析氢气子系统的原理与组成 …………… 28
  任务 4 解析空气子系统的原理与组成 …………… 35
  任务 5 解析热管理子系统的原理与组成 …………… 48
  任务 6 解析功率调节系统的原理与组成 …………… 53
  实训：氢燃料电池汽车动力系统拆装与调试 ……………… 57

项目三 氢燃料电池汽车系统检测与故障排查 ……………… 72
  任务 1 燃料电池系统故障检测与处理 …………… 72
  任务 2 动力电池故障检测与处理 ………………… 78
  实训：氢燃料电池汽车故障检测、处理及能量管理 ……… 81

项目四 氢燃料电池汽车的日常维护 ……………………… 88
  任务 1 氢燃料电池汽车维护的必要性与车主自行
      保养项目 ……………………………………… 88
  任务 2 氢燃料电池汽车店内日常维护项目 ………… 91
  任务 3 氢燃料电池汽车保养周期与内容 …………… 96
  实训：氢燃料电池汽车维修与维护 ……………………… 100

项目五 氢燃料电池汽车安全管理与操作规范 …………… 106
  任务 1 氢燃料电池汽车安全管理 ……………… 106
  任务 2 氢燃料电池汽车日常使用操作规范 ……… 116
  实训：氢燃料电池汽车安全管理与操作规范 …………… 124

参考文献 ……………………………………………………… 129

项目一

氢燃料电池汽车的发展与工作原理

任务1 概述氢燃料电池汽车的发展历程

任务导入

氢燃料电池汽车具有零污染、补能快、燃料来源广泛等优点,被认为是未来新能源汽车的主要发展方向之一。这个任务中我们将了解氢燃料电池汽车的发展历程,展望其应用前景,并对其国内外发展现状进行全面分析。

任务目标

- **素质目标**

提升自主学习能力,培养主动思考和探索的习惯

通过学习氢燃料电池汽车的发展历程,增强逻辑思维和批判性分析能力

培养创新意识与可持续发展理念,增强对氢燃料电池汽车行业的关注与责任感

- **知识目标**

了解氢燃料电池汽车的发展历程

了解氢燃料电池汽车的应用前景及其主要优势

了解和比较氢燃料电池汽车在国内外的发展概况

- **技能目标**

能够说出燃料电池汽车发展的过程

能够理解并阐述氢燃料电池汽车的主要特点与优势

能够比较与总结国内外燃料电池汽车的技术现状

相关知识

1.1 氢燃料电池汽车发展历程

氢燃料电池是一种利用氢气与氧气进行化学反应产生电能的装置,氢燃料电池汽车(Hydrogen Fuel Cell Vehicles,HFCV)就以燃料电池为动力来源。燃料电池工作过程中,唯一的排放物是水蒸气,这使得氢燃料电池汽车成为一种环保的交通工具。与传统汽车相比,氢燃料电池汽车可以更加高效地利用能源,且不会排放有害的尾气,具有零排放、高效能、低噪声等优点,有助于减少空气污染和减缓能源危机,因此备受关注。随着全球能

源需求的不断增长和环保意识的不断提高，新能源汽车逐渐成为各国政府推广和企业发展的重点方向。

氢燃料电池汽车的发展历程可以追溯到 20 世纪初，最早的燃料电池原型可以追溯到 1839 年——当时英国科学家威廉·格罗夫（William Grove）发现了燃料电池工作原理。随着科技的进步，燃料电池技术逐渐成熟。在 20 世纪末和 21 世纪初，汽车制造商开始将燃料电池技术应用于汽车领域。2013 年 2 月，世界上第一辆量产版氢燃料电池汽车——现代 ix35 FCV 在韩国下线。2015 年，丰田 Mirai 燃料电池轿车正式商业化，采用的质子交换膜燃料电池（Proton Exchange Membrane Fuel Cell，PEMFC）电堆体积功率密度达 3.1kW/L、寿命达 5000~10000h，成为迄今为止销量最高的氢燃料电池汽车。此后，许多汽车制造商纷纷加入了氢燃料电池汽车的研发和生产行列，包括本田、奔驰、现代等（图 1-1）。

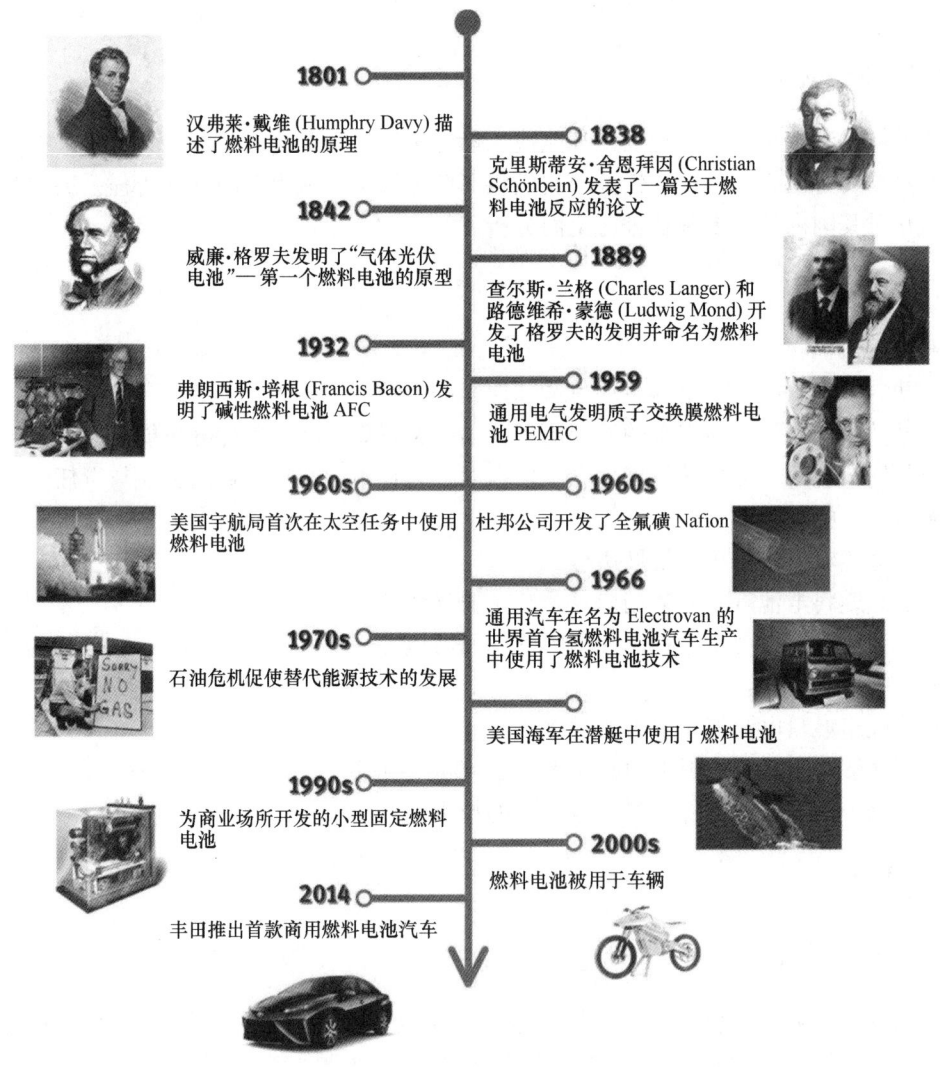

图 1-1　燃料电池汽车的发展史

我国燃料电池研究始于 1958 年，在 20 世纪 70 年代发展航天事业的推动下，燃料电池研究第一次快速发展。"九五"期间，东风汽车集团有限公司就联合中科院大连化学物理研究所开发了国内首台 30kW 的燃料电池中巴客车。1998 年，清华大学研制出我国第一辆燃料电池汽车——一辆靠一组 5kW 的燃料电池系统（Fuel Cell System，FCS）提供动力的高尔夫球车，电池由北京世纪富源燃料电池有限公司提供；1999 年，北京世纪富源燃料电池有限公司与清华大学合作开发出燃料电池乘用车；2001 年，北京绿能公司与清华大学和北京理工大学合作，研制出以燃料电池为动力的出租车、客车和 12 座的公共汽车。2003 年，同济大学自主开发了燃料电池动力汽车平台"超越一号"，该团队后来研发的"超越二号"和"超越三号"分别在 2004 年和 2006 年世界必比登汽车新能源技术大赛中获得 5 项和 4 项技术测试 A 级奖，其中"超越三号"汽车的燃料经济性能与车外噪声测试两项指标均为第一。2017 年，国内以商用车为主的燃料电池汽车市场规模首次突破了千辆，全年共计销售 1098 辆，2022 年，国内第一款量产氢燃料电池汽车长安深蓝上市。

我国氢能源产业和燃料电池汽车也逐渐受到重视，氢能源政策相继推出。2018 年，氢能源首次被写入政府工作报告，随后各种支持性政策相继出台。2021 年至 2022 年，五大氢能产业示范城市群（京津冀城市群、上海城市群、广东城市群、河南城市群、河北城市群）相继获批，氢能产业发展进入新时期。除了示范城市群，非示范区的城市也开始加大对氢能的发展力度。据统计，全国近 20 个地区计划在 2025 年推广近 10 万辆氢能汽车，超过了原先的规划目标（数据来源：氢云链）。

1.2 氢燃料电池汽车优势及应用前景

1.2.1 氢燃料电池汽车优势

① 极好的环保性。在双碳政策和全球环境挑战的背景下，氢燃料电池汽车优异的环保性能是其独特的优势。燃料电池汽车在运行过程中，排放物主要为水，不含其他有害物质。氢气是一种清洁环保的能源，如果汽车使用的氢燃料来源于工业副产品或通过可再生能源制得，从能源的整个生命周期来看，汽车的总排放量将大大降低。2008 北京国际汽车展览会上，北汽福田与清华大学携手研发的福田欧 V 燃料电池客车进行了"尾气水养鱼"试验，直观地展现了氢燃料电池汽车环保零排放的特点。

② 能源转换效率高。氢燃料电池汽车的动力来源——燃料电池，其工作原理不涉及传统热机过程，不受热力循环的限制，几乎没有热能损失。因此，能源转换效率最高可达到 60%~70%，是内燃机效率的 2~3 倍。

③ 氢能资源丰富。氢作为宇宙中最轻的元素，占宇宙质量的 75%。地球上氢的分布极为广泛，资源丰富多样，几乎是取之不尽、用之不竭。技术上，可以通过多种方式制取氢，例如利用风能、太阳能等可再生能源电解水制氢、光解水直接制氢，仿造植物光合作用进行生物制氢等。

④ 乘坐舒适度高。与传统汽车相比，氢燃料电池汽车的动力系统无机械振动和热辐射问题，这不仅保证了汽车相关零部件有更长的使用寿命和更高的可靠性，而且汽车运行更加平稳，噪声更小。

基于燃料电池工作原理的科学性和合理性，氢燃料电池汽车在避免纯电动汽车诸多重大缺陷方面展现了显著优势，如续航里程的局限性及安全隐患等问题。

以下是氢燃料电池汽车与纯电动汽车相比其所具有的独特优点：

① 续航里程局限小，能量补充速度快。与纯电动汽车依赖电池密度和蓄电容量不同，氢燃料电池汽车的"电池"仅负责发电，不负责蓄电。汽车储存的能量源自装在储氢罐中的氢气。只要氢气持续供应给燃料电池，就能为驱动系统提供充足的电能，从而推动汽车行驶。因此，氢燃料电池汽车的续航里程不是由"电池"决定，而是取决于储氢罐的容量。这种模式类似于许多城市中运行的压缩天然气（Compressed Natural Gas，CNG）出租车。

② 能源密度与效率高。氢的能量密度是汽油或柴油的2~3倍，远超当前电动车使用的锂离子电池的10倍。5kg的氢储量足以支持氢燃料电池汽车行驶400km，而要达到同等里程的纯电动汽车需要携带重达500kg的电池。相比之下，氢燃料电池汽车的动力系统质量要轻得多。此外，补充5kg的氢气仅需几分钟时间，而纯电动汽车的充电则需要半小时至几小时不等，从而在推广和普及新能源汽车时减少了基础设施建设需求，带来了积极的社会效应。

③ 安全性有保障。常温下，氢气的性质很稳定，不容易跟其他物质发生化学反应，但容易被点燃而发生爆炸。爆炸发生有三个要素，即可燃性物质、氧化剂（氧气）和点火源，三要素缺一不可。氢气在空气中的爆炸极限范围是4%~75%（体积分数），氢气体积浓度在这个范围内时，与空气形成的混合物具有爆炸性。要实现防爆的目的，可以控制空气中爆炸性物质的浓度在爆炸浓度下限以下，或者使氧浓度足够低，或者控制电火源（火花）可能出现的最大能量不超过爆炸性物质的最小点火能量。

④ 可靠性好。燃料电池汽车比电动车更能适应低温环境，燃料电池用于军事、航天等领域证明其有较好的可靠性。

1.2.2 氢燃料电池汽车应用前景

起初，燃料电池技术主要用于航天和军事领域，利用其高效性和可靠性在极端环境下提供能量，例如在阿波罗登月飞船中作为辅助能源，航天和军事事业的发展需求使燃料电池技术得到了快速发展。随着技术的进步和成本的降低，氢燃料电池技术的巨大发展前景已经引起了汽车业界和航空业界的广泛关注，研究重点从航空转向地面，各种小功率燃料电池在交通、航天、军事等领域得到应用。发展和推广氢燃料电池汽车，不仅可以促进汽车产业结构的优化升级，而且有利于解决交通带来的日益严重的污染问题，实现"双碳"目标。

氢燃料电池汽车的性能和可靠性不断提升，逐渐出现了更多的氢燃料电池汽车型号，并且在一些地区有了推广应用。虽然目前氢燃料电池汽车在市场上的普及程度相对较低，但随着节能环保理念的兴起，氢燃料电池汽车作为一种零排放的交通工具，呈现出巨大的发展潜力。

经过多年研究氢燃料电池汽车，已经积累了深厚的技术基础，未来发展趋势是解决现有的技术瓶颈，不断提高能量密度和功率密度，提高车辆性能，降低成本，提高生产效率，燃料电池汽车和混合动力汽车共同发展形成多元化的新能源汽车市场。政策上，未来绿色低碳环保的发展理念仍然不会变，我国和国际上也出台了许多支持燃料电池汽车发展的政策和措施。如2020年，国务院发布的《新能源汽车产业发展规划（2021—2035年）》中指出，力争经过15年的努力，稳步推进我国氢燃料供给体系的建设，让燃料电池汽车实现商业化应用。这为燃料电池汽车的发展指明了方向，目前我国多个省市已出台相关地方政策，力求积极推动氢燃料电池汽车产业发展，氢燃料电池汽车在未来市场份额中有望取得很好的成绩。市场上，氢燃料电池汽车应用前景广阔，凭借其高能量转换效率、低排放的特点，燃料电池在公交、重卡、物流车等商用车领域得到广泛应用。随着技术的进步、成本的降低和配套设施的健全，乘用车也有望实现规模化应用，到2030年，全球燃料电池汽车的销量有望达到100万辆以上。

世界经济论坛新兴技术跨界理事会评选出的全球未来最具发展潜力项目中，氢燃料电池汽车荣登榜首。这一评选结果不仅突显了氢燃料电池汽车在众多新兴科技中的领先地位，也进一步验证了其巨大的应用潜力和未来发展的广阔可能性。

随着科技进步，燃料电池技术不仅在交通领域有望得到广泛应用，其潜在的应用范围可能还会扩展到日常生活中，例如作为手机和电脑的电源。这些进展预示着，氢燃料电池技术的快速发展将极大推动可再生清洁能源的普及和应用，为实现一个更清洁、更可持续的未来开辟新的可能性。

1.3 氢燃料电池汽车国内外发展概况

1.3.1 国外氢燃料电池汽车发展现状

燃料电池汽车展现的巨大优势与广阔前景吸引了国外发达国家纷纷布局氢能产业，基于能源安全、稳定供应、经济效率、环境适应、多元化能源结构等原则，开始了长期的投入和布局，其中美、欧、日、韩规划较快，政策支持力度较强。

① 美国将氢能产业发展作为长期战略储备，推动社会利益相关方在竞争性机制下开展合作，将2020—2030年作为氢能全面发展阶段，制氢电解槽使用寿命达80000h，成本300美元/kW，转换效率达65%；截至2022年年底，美国燃料电池汽车保有量14979辆。

② 欧盟目前主要将氢能作为重点行业降碳减排和保护国家能源安全的关键手段，总体布局在2024—2030年氢能成为综合能源系统的重要组成部分，欧盟规划在2050年前生产氢燃料电池乘用车370万辆、氢燃料电池轻型商用车50万辆，氢燃料电池卡车和巴士570万辆。

③ 日本已经掌握了燃料电池汽车产业链核心技术，东丽公司主导膜电极、碳纤维等关键材料的生产，丰田公司推出的燃料电池乘用车Mirai已完成技术迭代，燃料电池客车、叉车等商用车产品投入市场。截至2022年2月已建加氢站157座，规划2030年前生产氢燃料电池汽车80万台，建设加氢站900座。

④ 韩国大力发展氢能和燃料电池汽车技术，处于国际第一梯队。韩国政府自上而下制定氢能发展规划政策，并提供充足的财政资金支持，引导社会资本进入氢能产业；截至2021年已建加氢站170座，韩国燃料电池装机量占全球的35%，规划2030年前生产氢燃料电池汽车85万辆，建设加氢站660座。

在全球氢燃料电池汽车领域，日本与韩国均处于领先地位，其中日本的丰田Mirai二代与韩国的现代NEXO是目前技术最成熟、销量最高的燃料电池轿车与多功能运动型车（Sport Utility Vehicle，SUV）。

1.3.2 国内氢燃料电池汽车发展现状

随着我国政策的不断完善及产业发展，燃料电池汽车销量正实现稳步增长，我国燃料电池汽车产业在全球中的位置越来越清晰。燃料电池汽车是国内新能源汽车三大路线之

一、在2060年碳中和的总体氢能减排目标下，路面交通减排是最重要的组成部分。近几年，随着质子交换膜燃料电池在新能源汽车领域的应用不断加深，装机量和基础设施呈高速增长趋势，未来5~10年内将迎来高速增长期，市场化程度和普及率也会随之大幅提高。

目前燃料电池商用车的应用已经初具规模，在国产化趋势以及氢能市场份额不断扩大的背景下，燃料电池系统的成本逐渐降低。乘用车方面除了国际上的现代NEXO与丰田Mirai之外，国内如上汽、长安、东风、红旗等传统车企，在氢能源的发展趋势下，纷纷开始燃料电池乘用车的开发和布局，目前基本都处于前期研究阶段，还未有实际量产车型。后续氢燃料电池汽车的发展取决于四个主要因素：车载燃料电池系统技术与成本、制氢产业发展、氢气的储运、基础设施建设（加氢站）。

与国外燃料电池汽车发展相比，我国燃料电池汽车发展的特点有：

我国优先发展氢能商用车，近年来，我国氢能汽车市场快速发展，截至2023年年底保有量已达1.3万辆，主要面向大巴车、冷藏车、快递车、矿卡、重载货运等商用场景开展应用。

我国氢能汽车动力架构处于从增程式到电电混合过渡阶段。展望未来，氢能汽车动力架构中的燃料电池驱动功率占比将持续扩大，燃料电池系统技术将迈向大功率化、单堆集成化、更高运行温度、更高运行压力及无加湿化的发展趋势。与此同时，动力系统控制技术也正向更为精细化的水热管理和综合能量管理方向进化，以实现更高效、更智能的能源利用。

目前，我国氢能汽车合理的发展途径是以商用车的发展带动氢燃料电池技术提升，促进燃料电池成本下降和加氢设施网络健全，从而带动氢燃料电池乘用车的发展。2030年以后，氢能汽车将进入全面推广期，乘用车和商用车并行发展。

1.3.3　氢燃料电池汽车品牌车型介绍

在当前氢燃料电池汽车市场，众多知名品牌纷纷推出各自的车型，主要聚焦于客车与商用车领域。除已提及的丰田Mirai与现代NEXO之外，奔驰GLCF-CELL等也成为行业内关注的焦点。此外，我国正积极推动氢燃料电池汽车技术的发展，一汽集团、上汽集团、长安汽车等企业已着手布局，并推出了相关商用车型，特别是在氢燃料电池大巴和物流车领域逐步拓展应用。这些车型不仅体现了氢燃料电池汽车技术的成熟，还为全球新能源汽车市场的推进提供了更多选项。

（1）国外品牌与车型

① 丰田Mirai。丰田Mirai作为氢燃料电池汽车的代表车型，在氢能源汽车领域具有重要地位。早在1992年，丰田公司便开始了氢燃料电池汽车的研发，并通过持续的技术革新，不断提升其在功率密度、氢气存储、电堆耐久性等方面的表现。2014年，丰田推出了全球首款量产氢燃料电池车型Mirai，如图1-2所示，这一车型在技术的先进性和安全性上确立了丰田的领先地位。

2020年，丰田推出了第二代Mirai，如图1-3所示，标志着其在氢燃料电池汽车领域的进一步发展。与第一代Mirai相比，第二代车型在多个技术层面取得了显著进步，包括电机位置的优化、输出功率的增大，以及氢气搭载量的提升。第二代Mirai配备了3个高压储氢瓶，氢气存储量由第一代的4.6kg提升至5.6kg，续航里程最高可达850km，相较第一代提高了30%。这些进步不仅增强了Mirai的续航能力，还显著提升了其日常使用的便利性与实用性。

图 1-2　丰田 Mirai 一代

图 1-3　丰田 Mirai 二代

表 1-1 总结了两代 Mirai 在尺寸、驱动方式、续航里程、电堆功率密度、储氢瓶配置等方面的具体参数对比。总体来看，Mirai 在技术、驾驶体验和续航能力上取得了显著进步，为氢燃料电池汽车的商业化应用提供了坚实支持。

表 1-1　两代 Mirai 参数对比

模块	项目	第二代 Mirai	第一代 Mirai
车辆	长×宽×高/mm	4975×1885×1470	4890×1815×1535
	轴距/mm	2920	2780
	驱动方式	后轮驱动	前轮驱动
	核定载客/位	5	4
	续航里程/km	最高约 850（WTLC 工况）	最高约 650（JC08 工况）
	最高车速/（km/h）	175	175
燃料电池堆	输出功率密度/(kW/L)	5.4（4.4；含链接部件）	3.5（3.1；含链接部件）
	最高输出功率/kW	128	114
储氢瓶	储氢方式	高压储氢瓶 3 个	高压储氢瓶 2 个
	充填压力/MPa	70	70
电机	最高输出功率/kW	134	113

注：上述数据为日本销售车型数据。由于加氢站不同，加注氢气的量也有所不同，顾客的使用条件（天气、路况等）及驾驶习惯（急加速、是否使用空调等）不同都会导致行驶距离不同。

② 现代 NEXO。在氢能汽车领域，韩国的现代 NEXO（图 1-4）凭借其卓越的性能与显著的环保优势，成为又一备受瞩目的燃料电池车型。作为现代汽车旗下的最新力作，这款氢燃料动力车不仅秉承了现代汽车一贯的高品质和创新精神，更在技术上实现了质的飞跃。

图 1-4　现代 NEXO

自 2018 年正式上市以来，NEXO 迅速在全球市场上崭露头角。其前身 Tucson FCEV 作为现代汽车早期的氢燃料电池车型，为 NEXO 的推出奠定了坚实的基础。与 Tucson 相比，NEXO 在氢燃料电池技术上取得了显著进步。在动力系统上，NEXO 摒弃了 Tucson 电机与电堆分离的设计，创新性地整合了电堆和电机，形成了高效的动力元件。这一设计不仅使系统功率达到了 135kW（其中电堆功率为 95kW），还通过电电混合的技术路线，实现了功率、效率与寿命的全面提升。同时，电机也从 100kW 升级至 120kW。紧凑的设计使得动力系统体积下降了 18%、重量减轻了 14%，而系统运行效率却提升了 5.1%，达到了 60.4% 的优异水平。图 1-5 为 NEXO 与 Tucson 的对比。

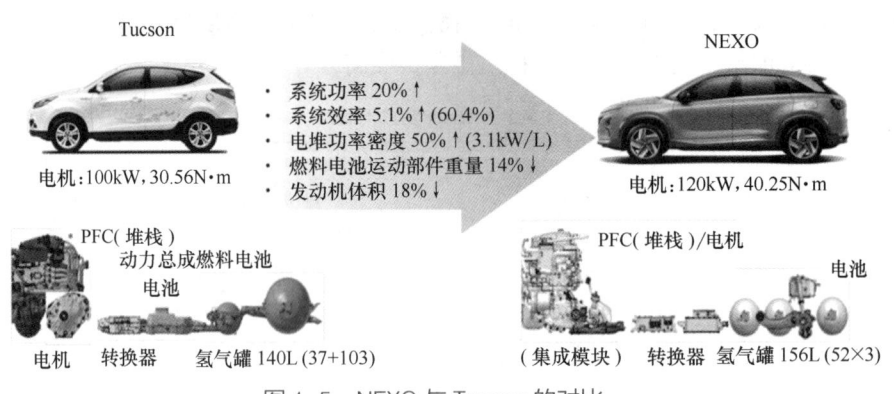

图 1-5　NEXO 与 Tucson 的对比

此外，NEXO 还开发了 FCV 专用平台，使得底盘上能够安装三个 52L 的碳纤维氢气罐，相比 Tucson 氢气罐布局更为合理，后备箱体积也得到了显著增加。在安全性能和智能配置方面，NEXO 同样表现出色。它搭载了塑料内胆增强型碳纤维缠绕的Ⅳ型储氢罐，并配备了碰撞缓冲装置和耐火烧的特殊喷涂工艺，确保了储氢的安全性。同时，NEXO 还获得了欧洲 E-NCAP 五星碰撞等级和美国公路安全保险协会（IIHS）的"TSP+顶级安全"认证,配备了高速道路行驶辅助系统和车道保持系统,即使在拥堵的路况下也能保持车道的稳定。

现代 NEXO 自推出以来,在国外市场取得了傲人的成绩。截至 2023 年,它已成为全球最畅销的氢燃料电池车型。2022 年 4 月,NEXO 中国版正式获得中国新能源汽车牌照,加氢 5min 即可续航 596km。2023 年 6 月,现代汽车集团在海外首个氢燃料电池系统研发、生产、销售基地——"HTWO 广州"正式竣工。

总结而言,现代 NEXO 作为氢能汽车市场的佼佼者,凭借其卓越的技术实力、出色的安全性能和智能配置,以及在全球市场的亮眼表现,不仅推动了氢能汽车技术的发展,也为环保出行提供了新的选择。

(2)国内品牌与车型

中国的氢燃料电池汽车市场近年来取得了显著增长,特别是在商用车领域占据主导地位。与国外不同的是,中国的氢燃料电池汽车市场主要集中在重型卡车、客车等商用车辆上,因其在长途运输和公共交通中具备较大的经济和环保优势。随着国家政策的支持和技术的逐步完善,乘用车领域的氢燃料电池汽车也开始出现,但尚处于起步阶段,离广泛普及尚有一定距离。

在商用车领域,宇通集团(Yutong)和福田汽车(Foton)是两大具有代表性的品牌。宇通集团作为中国最大的客车制造商之一,早在 2018 年便推出了氢燃料电池客车(图 1-6),并广泛应用于城市公共交通。宇通推出的氢燃料电池客车具备高效率、零排放和长续航等优势。车辆采用模块化设计,续航能力可达 500km,尤其适用于长时间、长距离的城市运输。宇通客车还具有较高的载客能力和运行经济性,成为公交系统升级的理想选择。

图 1-6 宇通氢燃料电池客车

商用车领域的另一代表品牌是福田汽车,该公司在氢燃料电池卡车领域表现抢眼。福田推出的氢燃料电池重卡(图 1-7)凭借其强大的牵引能力和长续航里程,在物流运输行业中获得了广泛认可。福田氢燃料电池卡车不仅符合国家对商用车排放标准的要求,还有效解决了电动车型续航能力不足的问题,特别适合长途货运。福田氢燃料电池卡车的成功不仅在于技术的领先,还在于其完善的加氢网络和服务体系支持,为商业化推广奠定了基础。

在乘用车领域,尽管目前大多数氢燃料电池汽车仍处于研发阶段,还未有实际量产车型,然而,长安和东风在这一领域已经取得了重要的进展。

长安深蓝 SL03(图 1-8)于 2022 年正式上市,提供三种动力版本,分别为增程版、

图 1-7　福田氢燃料电池重卡

纯电版和氢电版。氢电版凭借 730km 的续航里程和 3min 的超快加氢性能，吸引了市场的广泛关注。特别是在馈电情况下，该车 100km 耗氢仅为 0.65kg，展现了其在节能方面的卓越表现。这些出色的性能指标让 SL03 氢电版在上市后迅速走红，不仅为长安品牌带来了技术领先的市场形象，也为氢能源乘用车市场注入了新的活力。

图 1-8　长安深蓝 SL03

启辰大 V 氢境（图 1-9）作为东风氢舟项目下的代表车型，于 2023 年上市，标志着东风在氢燃料电池乘用车方面的最新成果。该车型具备东风成熟的燃料电池技术，并在 2024 年 1 月开始在广州市花都区进行为期三年的商业化示范运营。这不仅展示了启辰大 V 氢境的可靠性和实用性，也为国内氢燃料电池乘用车的推广提供了宝贵的实践经验。该车定位于家用 SUV 市场，融合了氢能的环保性与 SUV 的多功能性，为未来氢能源汽车的商业化普及奠定了基础。

总体来看，中国的氢燃料电池商用车已经具备了成熟的技术和市场，而乘用车领域也在稳步发展中。随着氢能基础设施的完善，未来氢燃料电池汽车将在更多领域中发挥更大的作用。

图 1-9　启辰大 V 氢境

学习检查

1. 我国第一辆燃料电池汽车是_____年由清华大学研制的 5kW 燃料电池提供动力的_____车。

2. 简要地举例出燃料电池汽车相比传统内燃机汽车的三个优点，相比传统电动车有哪些优点？

3. 我国为促进燃料电池汽车的发展采取了哪些措施与政策？

任务 2　解析氢燃料电池汽车的工作原理

任务导入

随着氢能源技术的不断进步，氢燃料电池汽车在现代交通中扮演着越来越重要的角色。本任务旨在通过对氢燃料电池汽车类型的了解，深入学习其基本组成部分和工作原理，以期提高我们对这一技术的实际应用能力。

任务目标

- **素质目标**

培养严谨的逻辑思维能力

提升规划与管理能力，通过对比不同的管理策略，培养批判性思维

- **知识目标**

掌握燃料电池汽车的基本理论知识

识别并区分不同类型的燃料电池汽车

理解氢燃料电池汽车的基本组成及其相互作用

掌握氢燃料电池汽车的工作原理，以及高效地运用这些原理

- **技能目标**

能够根据需要选择合适的能量管理策略

能够认识燃料电池汽车的主要组成部分

能够理解燃料电池汽车的工作原理

相关知识

2.1 燃料电池汽车类型

燃料电池汽车（FCV）按燃料特点可分为直接燃料电池电动汽车和重整燃料电池电动汽车。

直接燃料电池电动汽车的燃料主要是氢气，重整燃料电池电动汽车的燃料主要有汽油、天然气、甲醇、甲烷、液化石油气等。

FCV按氢燃料的存储方式可分为压缩氢燃料电池电动汽车、液氢燃料电池电动汽车和合金（碳纳米管）吸附氢燃料电池电动汽车。

FCV按能源配置与混合方式，可分为纯燃料电池驱动（Pure Fuel Cell，PFC）的FCV、燃料电池与辅助蓄电池（Auxiliary Battery，AB）联合驱动（FC+B）的FCV、燃料电池与超级电容（Supercapacitor，SC）联合驱动（FC+C）的FCV以及燃料电池与辅助蓄电池和超级电容联合驱动（FC+B+C）的FCV，如图1-10所示。其中，采用燃料电池与辅助蓄电池联合驱动的FCV，具有容易启动、可靠性高的优点，且能够回收储存制动能量；在燃料电池汽车有大功率需求时，燃料电池和动力电池一同工作，一定程度上缓解了燃料电池系统的"氧饥饿"困境，应用较为广泛。因超级电容具有较高的功率密度，燃料电池与超级电容的混合动力系统可提供更高的瞬时功率；但较低的能量密度也导致了超级电容难以长时间放电，且充放电电流的控制也较为复杂。燃料电池、动力电池与超级电容的混合动力系统可综合各能量源的优点，实现燃料电池汽车行驶过程中性能的综合提升。

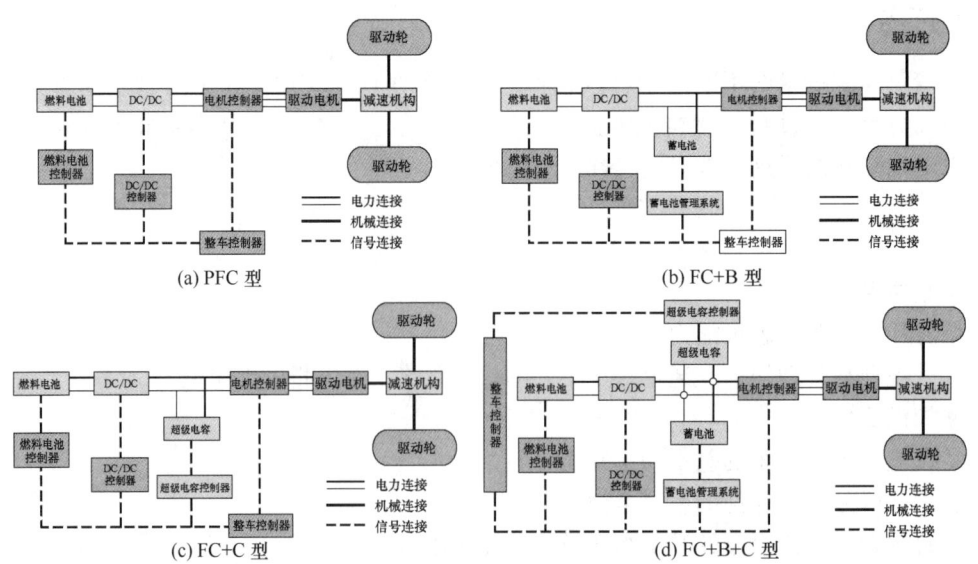

图1-10　混合动力系统原理拓扑图

2.2 氢燃料电池汽车基本组成

与传统内燃汽车相比,燃料电池汽车在动力来源、构造以及动力传输等方面有所不同。燃料电池汽车根据自身的特点将传统内燃汽车的主要构成部件发动机、变速器和燃油箱等摒弃,取而代之的是燃料电池堆、动力电池、直流(Direct Current to Direct Current,DC/DC)转换器、驱动电机以及电动机等部分。如图1-11所示为丰田Mirai燃料电池汽车主要结构示意图。

图1-11 丰田Mirai燃料电池汽车主要结构示意图

燃料电池汽车主要由燃料电池堆、动力电池、DC/DC转换器、驱动电机、电子控制器、高压储氢瓶等组成。

燃料电池堆:将多片燃料电池组装而成的电能转化装置。其一般被置于一个壳体内,一般也可称之为燃料电池堆模块。

动力电池:较小容量的电池组,可以用于储存燃料电池产生的电能和制动能量回收。与纯电车上所使用的电池包区别不大。

DC/DC转换器:这里指的是将动力电池的高压电转化为辅助电池能够接受的低压电的装置。

驱动电机:利用来自燃料电池和动力电池组的电能,输出机械能驱动车轮。另外也能够回收减速时的动能,转化为电能。

电子控制器:能够管理燃料电池和动力电池的电能,进行电压控制,并将电能分配给电机控制器。

高压储氢瓶:用于储存氢气,内部氢气最高压力达70MPa。

2.3 氢燃料电池汽车工作原理

在汽车行驶的过程中,燃料电池发动机作为动力来源发生电化学反应产生电能,燃料电池汽车的燃料——氢气来自燃料电池汽车内部的一个或多个储氢罐,而氧气来自空气。燃料电池产生的电能直接可以用于驱动电机,但由于产生的电流电压受氢气与氧气浓度、压力、流量和反应温度等变化影响而不稳定,因此通常采用DC/DC转换器进行稳压,在控制器的调控下使汽车的功率与运行工况匹配,多余的热量由冷却水带走并和空气进行热交换。像其他电动汽车一样,氢能汽车也可以回收或"补充"制动能量,电动机将汽车的动能转换为电能,并将其存入动力电池。以丰田 Mirai 为例,它的工作原理(图1-12)为:储氢瓶中的氢气与车头吸入的氧气在燃料电池堆内发生反应,产生的电能驱动电机从而带动车辆,反应产生的剩余电能存入动力电池。

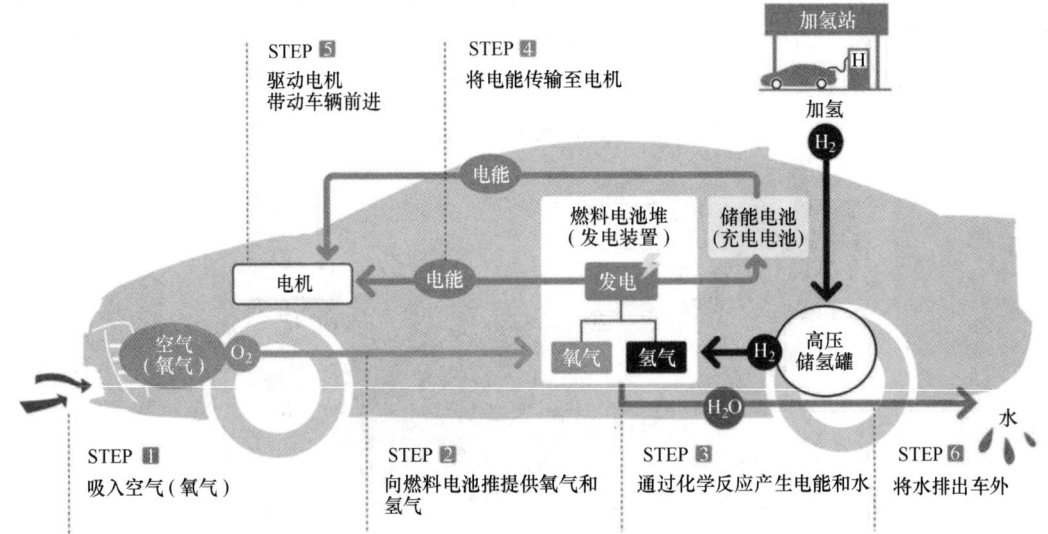

图1-12 丰田 Mirai 工作原理示意图

2.4 氢燃料电池汽车能量管理

对于 FCV 而言,一般包括以燃料电池为主的四种能源混合方式,分别为:燃料电池单独作为能源、燃料电池—锂离子电池混合能源、燃料电池—超级电容混合能源和燃料电池—锂离子电池—超级电容混合能源,见表1-2。

在车辆行驶过程中,为了实现整车动力性能和经济性需求,需要根据运行工况对不同能量源之间的能量分配进行管理,这就是能量管理。能量管理策略(Energy Management Strategy,EMS)的研究对 FCV 有重要意义。在满足功率要求前提下,较好的 EMS 可直接影响能量源的工作点,延长燃料电池的使用寿命,提高系统效率,减少燃料消耗,并根据需求功率的变化进行能量分配。EMS 可分为基于规则、基于优化和基于智能三个大类。在基于规则的大类里,又包含开关控制策略、功率跟随控制策略与模糊控制策略。

如表1-2所示,按能量来源和用途将燃料电池汽车的工作模式分为燃料电池驱动模式、动力电池驱动模式、混合驱动模式、能量回收模式、强制保电模式,见表1-2。根据动力电池状态(State of Charge,SOC)(即剩余电量)及整车需求功率对工作模式的边界限值进行明确,既要保证整车动力输出又要兼顾动力电池和燃料电池的效率及寿命。

表1-2 燃料电池汽车工作模式概览表

工作模式	描述
燃料电池驱动模式	驱动过程中,整车需求功率完全由燃料电池单独提供
动力电池驱动模式	驱动过程中,整车需求功率完全由动力电池单独提供

续表

工作模式	描述
混合驱动模式	驱动过程中,整车需求功率由燃料电池和动力电池共同提供
能量回收模式	车辆减速时,电机作为发电机工作,将机械能转化为电能,储存到动力电池中,或用于高低压附件的能耗
强制保电模式	当动力电池的SOC低于一定限值时,为保护电池,不再进行能量输出,确保电量保持在不低于这一限值的水平

学习检查

1. 请查阅相关资料,回答:为什么各种燃料电池中,质子交换膜燃料电池(PEMFC)最适合燃料电池汽车使用?
2. 燃料电池汽车动力不同于传统汽车的核心组成部分包括:_____、_____、_____、_____、_____和_____。
3. 简述 EMS 对 FCV 的意义。

实训:氢燃料电池汽车基础认知

所需课时:2课时

实施形式:分组实训,每组 3~6 人

实训地点:××实训室

指导教师:1~2 人

---

1. 实训目的及要求

(1) 了解:氢燃料电池汽车的工作原理

(2) 认识:氢燃料电池汽车的关键组成部件及其功能

2. 实训设备

设备:氢燃料电池汽车原理演示系统

3. 实训内容

(1) 氢燃料电池汽车的工作原理

(2) 氢燃料电池汽车的基本组成

4. 实训操作及步骤

(1) 理论讲解:讲师通过 PPT 或视频演示氢燃料电池汽车的工作原理和主要部件

(2) 模型展示:使用氢燃料电池汽车原理演示系统,展示各部件的位置和功能

5. 实训任务及工单

(1) 分析氢燃料电池汽车的工作原理

氢燃料电池汽车的工作原理分析

1. 请根据所学知识将下图补充完整。
   ▭ 处填写步骤描述
   ▭ 处填写部件名称

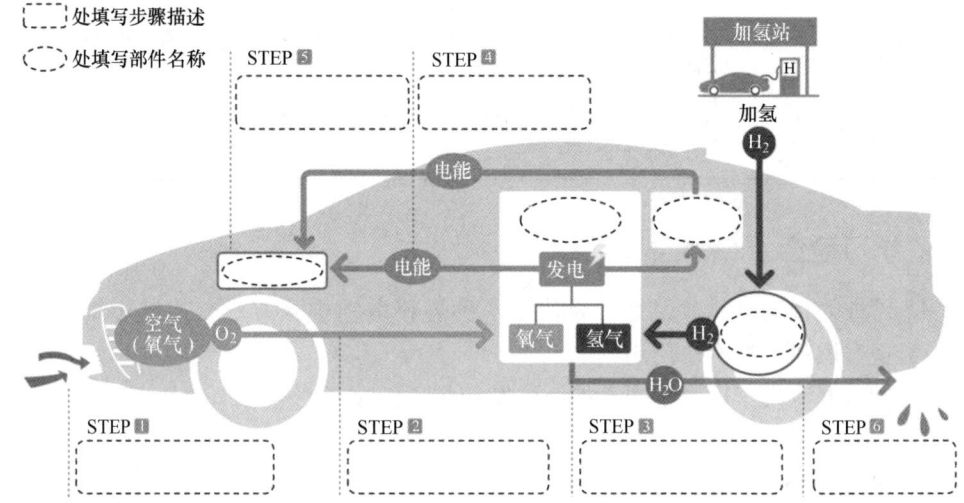

2. 请自行查阅资料，解释燃料电池如何将化学能转化为电能。

步骤	化学式	描述
氢气的输入与反应		
氧气的输入与反应		
产物生成与电能输出		

任务内容

问题思考

1. 燃料电池在工作时的副产物是什么？它对环境有什么影响？

2. 与传统内燃机相比，氢燃料电池在能量转化效率上有哪些优势？

（2）识别并了解氢燃料电池汽车的基本组成部件

氢燃料电池汽车基本组成识别

氢燃料电池汽车基本组成

1. 请根据所学知识，填写出氢燃料电池汽车基本组成部分的名称。

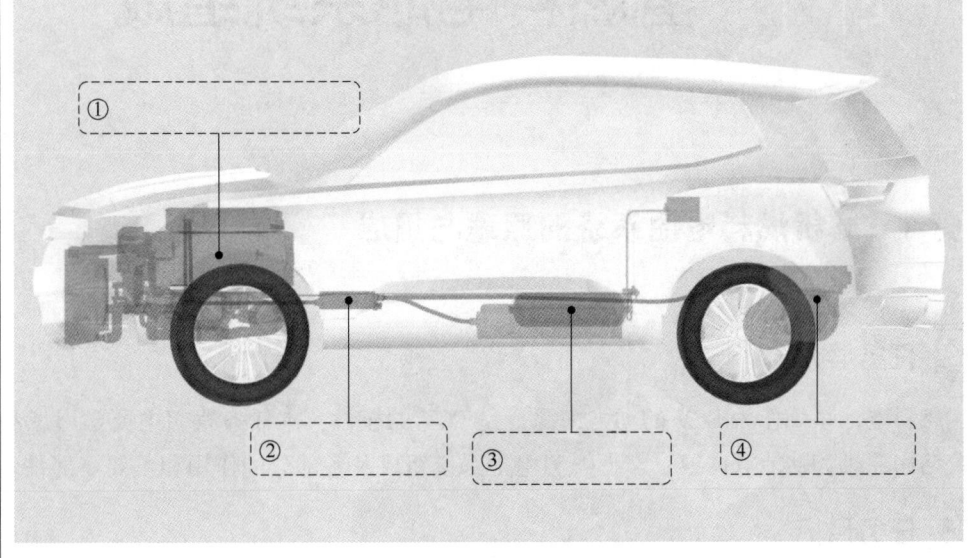

2. 请简要介绍各组成部分的主要功能。
①
②
③
④

各模块构成及功能

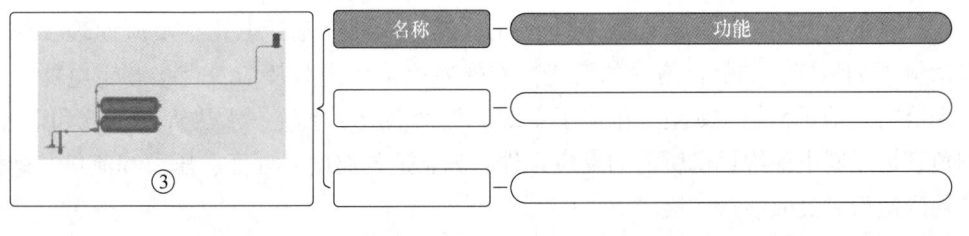
①

名称	功能

③

名称	功能

项目二

氢燃料电池系统组成

任务1 解析燃料电池系统的原理与组成

任务导入

燃料电池系统作为 FCV 的动力来源,是 FCV 的核心,本任务我们主要学习燃料电池系统结构原理和功能等内容,掌握燃料电池系统组成及各部分的作用和主要零部件。

任务目标

● **素质目标**
培养对新知识、新技能的学习能力
培养严密的逻辑思维能力

● **知识目标**
了解燃料电池系统工作原理
熟悉燃料电池基本组成
认识燃料电池高低压电气

● **技能目标**
能够准确理解燃料电池系统工作原理
能够认识燃料电池系统的各个子系统组成与基本作用
能够对整个燃料电池系统进行协调控制

相关知识

1.1 燃料电池系统工作原理

燃料电池系统工作原理如图 2-1 所示,燃料电池堆基于电化学反应原理工作,通过将燃料(如氢气)和氧化剂(如氧气)在燃料电池中进行反应,直接产生电能。燃料电池系统的其他子系统,如空气供应子系统、氢气供应子系统、水热管理系统和电控系统,则负责为燃料电池堆提供所需的反应条件,如合适的温度、湿度、压力和流量,确保系统的稳定运行和高效能量转换。

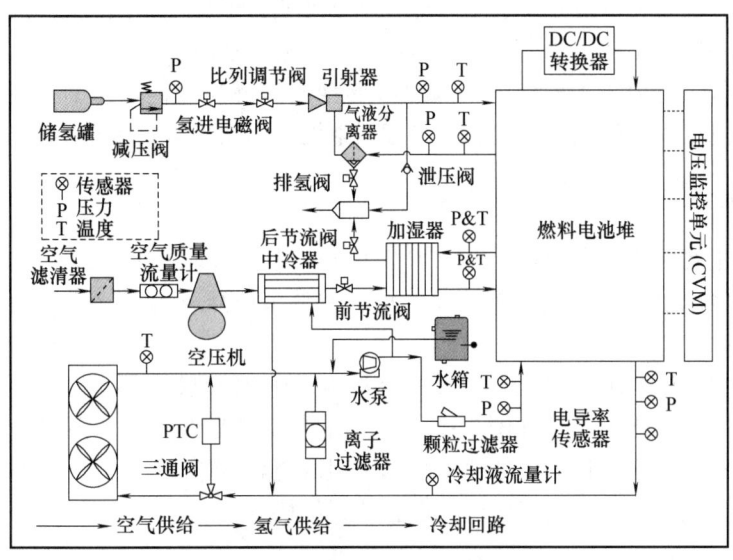

图 2-1 燃料电池系统工作原理图

1.2 燃料电池系统组成

如表 2-1 所示，燃料电池系统主要包括以下部分：燃料电池堆、氢气供给子系统、空气供给子系统、热管理子系统、电力电子系统等。

表 2-1 燃料电池系统组成概览

子系统名称	主要功能	关键组件
燃料电池堆	能量转化核心	单体电池、隔板、冷却板、进气歧管
氢气供给子系统	提供适宜氢气条件	中压传感器、氢进电磁阀、调压阀、氢循环装置、气水分离器、排氢阀、PTC 加热器、温度和压力传感器
空气供给子系统	处理并供应空气	空气滤清器、空气质量流量计、空压机、中冷器、加湿器、前节气门、背压阀、温度/压力传感器
热管理子系统	维持热平衡与加热	散热水泵、电子节温器、颗粒过滤器、去离子器、加热 PTC、散热器、风扇
电力电子系统	调节与输出电能	DC/DC 转换器

燃料电池堆由多个单体电池、隔板、冷却板、进气歧管等构成，是整个系统的核心，是发生能量转化的场所，其他子系统主要是相互协调，为燃料电池提供适宜的工作条件，确保燃料电池堆的电化学反应能够正常、高效、可靠地工作。氢气供给子系统负责为燃料电池阳极提供反应所需的氢气，保证燃料电池阳极侧温度、压力及气体流量适宜，同时提高氢气的利用率，主要包括中压传感器、氢进电磁阀、调压阀、氢循环装置、气水分离器、排氢阀、正温度系数（Positive Temperature Coefficient，PTC）热敏电阻加热器以及温度和压力传感器。空气供给子系统对进入燃料电池的空气进行过滤、增湿、压力调节等方面的处理，将具有适当压力、流量以及湿度的空气供应给燃料电池堆，主要由空气滤清器、空气质量流量计、空压机、中冷器、加湿器、前节气门、背压阀以及温度/压力传感器等组成。热管理子系统则用以维持燃料电池系统的热平衡，将燃料电池工作温度控制在

合理范围内,并在燃料电池系统启动时进行辅助加热,保证燃料电池堆内部快速到达适宜的温度区间,主要包括散热水泵、电子节温器、颗粒过滤器、去离子器、加热PTC、散热器、风扇等部件。电力电子系统中,DC/DC转换器将燃料电池输出的直流电压调节至动力系统所需的电压水平后进行输出,使得燃料电池输出功率满足整车需求功率请求。

1.3 高低压电气

电气系统主要由燃料电池堆、DC/DC转换器、电动机、电子负载、直流电源等构成。通过将燃料电池产生的直流电转换为交流电,并调节电压和电流,满足电器设备的用电需求。

氢燃料电池高压系统主要包括氢燃料电池堆、DC/DC转换器、空气压缩机、氢气循环泵、加热PTC、散热水泵等(图2-2)。通常燃料电池单体电压不到1V,因此为满足驱动电机工作要求,将若干各单体电池串联起来组成电池堆使用,电压通常可达几百伏特,空气压缩机、氢气循环泵等的工作电压也有几百伏特。

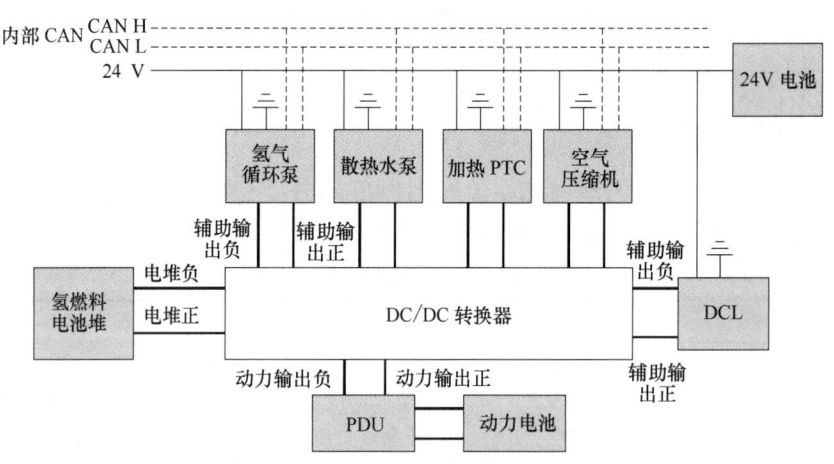

图2-2 氢燃料电池电动汽车高压系统电气原理拓扑图

注:CAN:控制器局域网　DCL:降低DC/DC　PDU:功率分配单元

氢燃料电池系统低压部分主要包括空气质量流量计、氢浓度传感器、氢气压力传感器、系统控制器、燃料电池散热风扇、燃料电池系统控制器等(图2-3)。低压部分通常在24V以下,如传感器电压在5V左右,散热器风扇额定电压为24V。

在整个系统中,高低压电路的协调管理是至关重要的,以保证电能的高效利用和系统的稳定运行。燃料电池系统的电路设计需考虑高低压部分的匹配,以确保系统的高效运行和电能传输的稳定性。

当车辆上高压后,燃料电池系统低压供电,如车辆动力电池SOC达到整车控制策略的限值(如30%)时,燃料电池堆开始工作,系统给整车提供动力电,并根据整车实际运行工况,燃料电池系统参与整车不同的运行工况。而在整车需要下电或关闭氢燃料电池系统时,如果外界温度过低,氢燃料电池系统还需要进行氢尾气排放管的吹扫工作,以避免管中的冷凝水结冰,影响系统的使用。因此,整车在设计时,必须考虑燃料电池系统的延时下电,确保燃料电池系统的正常使用和可靠性。

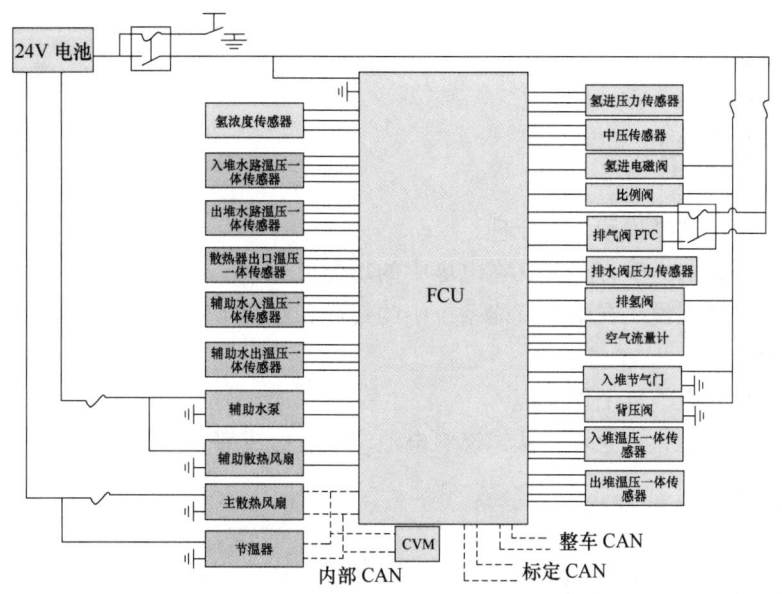

图 2-3 氢燃料电池电动汽车低压系统电气原理拓扑图
注：FCU：燃料电池系统管理器　CVM：燃料电池单体电压巡检

高压电气与低压电气之间通常需要通过变压器或 DC/DC 转换器降压转换进行电压变换、调节和稳定，以适应不同的电气设备要求。燃料电池高低压电路的设计和运行需要综合考虑能量转换、电压调节、电子控制和安全保护等方面的要求，以确保整个系统高效、安全地运行。

 学习检查

1. 燃料电池系统主要由_____、_____、_____、_____、_____等部分组成。
2. 燃料电池实际上是一种将_____和_____中的能量转化为电能的能量转化装置。
3. 下列不属于高压电气的是（　　　）。
A. 燃料电池堆　　　B. 氢气循环泵　　　C. 空气压缩机　　　D. 冷却水泵

任务 2　解析燃料电池堆的原理与组成

 **任务导入**

燃料电池堆是氢燃料电池汽车的核心部分，由多个燃料电池单体组合而成。了解燃料电池单体的基本构造及电堆的结构，对于理解其如何转换能量，提供动力至关重要。本任务深入探索燃料电池堆的基本原理和模块结构，理解其在氢燃料电池系统中的作用。

 **任务目标**

- **素质目标**

提升学习能力

培养逻辑思维能力

- **知识目标**

掌握燃料电池的结构和工作原理

学习电堆结构的组织方式及其在电堆中的功能

理解燃料电池堆模块在整个氢能系统中的集成和作用

- **技能目标**

能够理解燃料电池堆工作原理

能够组装搭建燃料电池堆，认识燃料电池汽车各组成部分与结构

 **相关知识**

2.1　燃料电池堆工作原理

燃料电池堆由多个燃料电池单体以串联方式层叠组合构成。双极板与膜电极（Membrane Electrode Assembly，MEA）交替叠合组成燃料电池单体，各单体之间嵌入密封件，经前、后端板压紧后用螺杆紧固拴牢，即构成燃料电池堆。燃料电池堆是发生电化学反应的场所，是燃料电池系统的核心部分。

燃料电池单池包括七层结构（图2-4），最中间一层为质子交换膜，两侧对称地依次为阴/阳极催化层、阴/阳极气体扩散层和阴/阳极双极板。工作时，电池的阳极输入氢气（燃料），氢分子（H_2）在阳极催化剂作用下被离解成为氢离子（H^+）和电子（e^-），氢离子穿过燃料电池的电解质层向阴极（氧化极）方向运动，电子因通不过电解质层而由外部电路流向阴极；电池阴极输入氧气，氧气在阴极催化剂作用下离解成为氧原子（O），

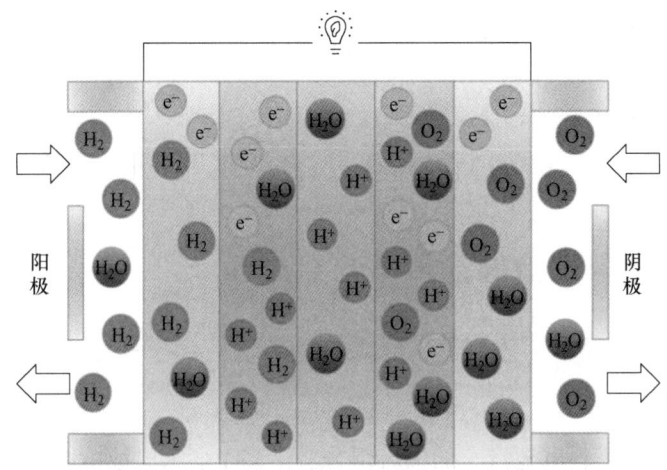

图2-4　燃料电池单池结构

与通过外部电路流向阴极的电子和燃料穿过电解质的氢离子结合生成稳定结构的水（H_2O），完成电化学反应，放出热量。

电堆工作时，氢气和氧气分别经电堆气体主通道分配至各单电池的双极板，经双极板导流均匀分配至膜电极，通过气体扩散层与催化剂接触进行电化学反应，产生的电流通过集流板汇集，再经过汇流通往驱动电机等用电器。这种电化学反应与氢气在氧气中发生的剧烈燃烧反应是完全不同的，只要阳极不断输入氢气，阴极不断输入氧气，电化学反应就会连续不断地进行下去，电子流动形成的电流就会连续不断地向汽车提供电能。

2.2 电堆组成

对于燃料电池汽车来说，单体电池输出电压较低，电流密度较小，为获得更高的电压和功率，通常将多个单电池串联，构成电堆。相邻单电池间用双极板隔开，双极板用来串联前后单电池和提供单电池的气体流路。一般我们看到的电堆结构如图2-5所示。这种堆栈结构就是燃料电池系统的核心，也是燃料电池的关键技术。

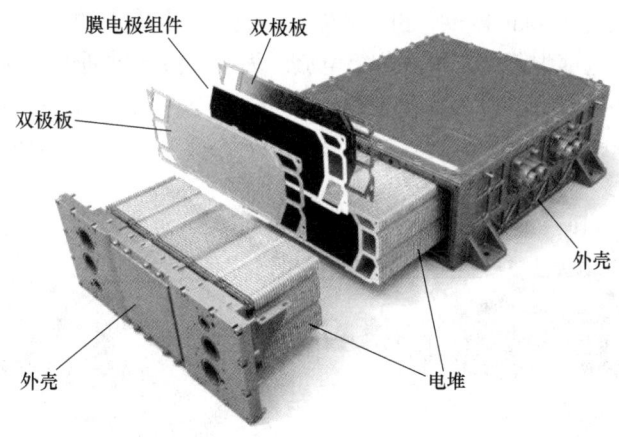

图 2-5 电堆结构

2.2.1 膜电极

质子交换膜燃料电池（Proton Exchange Membrane Fuel Cell，PEMFC）的核心组件就是膜电极 MEA（图2-6），它一般由质子交换膜、催化层与气体扩散层三个部分组成所谓的"三合一结构"。扩散层是由碳纸和微孔层构成，不但为反应气体和生成物提供扩散通道，还为催化层提供载体和支撑电极，扩散层对电堆的排水性能有着重要影响，其受到本身孔隙率、厚度及接触角影响。催化层是以炭黑和铂为原料，经过黏合剂 Nafion 或聚四氟乙烯（Polytetrafluoroethylene，PTFE）黏结形成 Pt/C 颗粒的团聚物之后，依附于扩散层上，厚度很薄，是发生电化学反应的场所。其结构与一般电池之平板电极不同之处在于，燃料电池的电极为多孔结构，所以设计成多孔结构的主要原因是燃料电池所使用的燃料及氧化剂大多为气体（例如氧气、氢气等），而气体在电解质中的溶解度并不高，为了提高燃料电池的实际工作电流密度与降低极化作用，发展出多孔结构的电极，以增加参与反应的电极表面积。

质子交换膜是 PEMFC 工作的基础，是单电池最为核心的组件，质子膜隔开了氧化剂

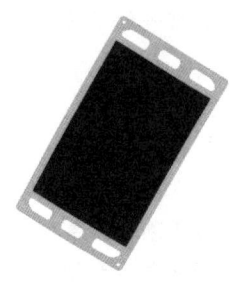
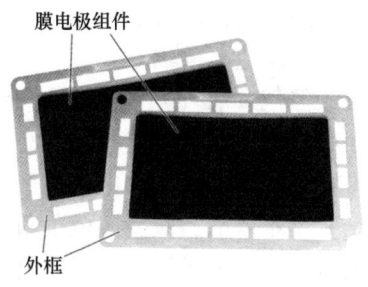

图 2-6 膜电极

和还原剂,传递质子(氢离子)和水分子到达阴极,但阻隔电子的通过,所以质子交换膜应具有高质子电导率、优良的电子绝缘性能、高稳定性和低气体透过率。PEMFC 的性能由 MEA 决定,而 MEA 的性能主要由质子交换膜性能、扩散层结构、催化层材料和性能、MEA 本身的制备工艺所决定。

2.2.2 双极板

燃料电池双极板(Bipolar Plate,BP)又称流场板,是电堆中的"骨架",与膜电极层叠装配成电堆,在燃料电池中起到支撑、收集电流、为冷却液提供通道、分隔氧化剂和还原剂等作用,占整个燃料电池 60% 左右的重量和约 20% 的成本,其性能优劣直接影响电池的输出功率和使用寿命。双极板目前根据材料主要可分为金属双极板和石墨双极板(图 2-7)。

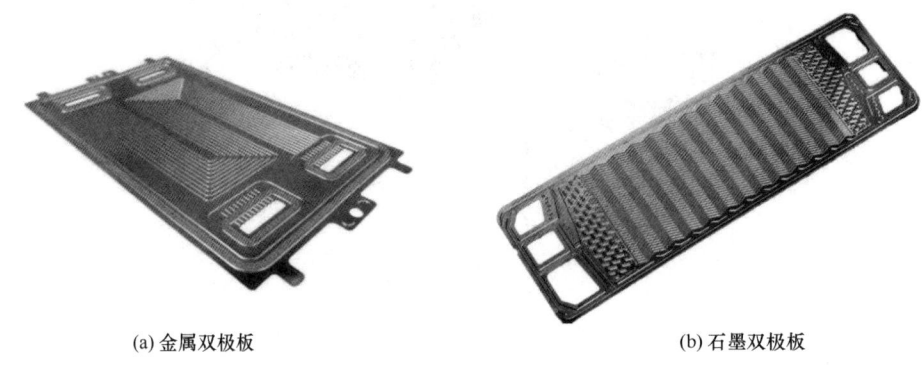

(a) 金属双极板　　　　　　　　　(b) 石墨双极板

图 2-7 双极板

金属双极板:铝、镍、钛等不锈钢金属材料可用于制作双极板,金属双极板易加工,可批量制造,成本低,机械性能好,导电导热性能好,厚度薄。

石墨双极板:炭质材料包括石墨、模压炭材料及膨胀(柔性)石墨。传统双极板采用致密石墨,经机械加工制成气体流道。石墨双极板质量轻、化学性质稳定,与 MEA 接触电阻小,但质脆,组装困难。

复合双极板:由两种或两种以上的材料组成,通常是炭质材料和金属材料等,通过复合工艺优化其力学性能、耐腐蚀性能和电气性能。

双极板基本要求:由于需要收集和传导电流,所以要求电导率高;由于需要排除反应生成的水和热,所以要求导热性、疏水性好,热容小;由于是在酸性环境中,所以要求耐腐蚀性强;由于需要阻隔燃料,所以要求有良好的气密性;满足使用寿命要求,需具有抗振动和抗冲击性能,密度小,重量轻;成本低、工艺简单。

2.2.3 集流板

集流板（图 2-8）是将燃料电池的电能输送到外部负载的关键部分。考虑到燃料电池的输出电流较大，通常采用导电率较高的金属材料制成的金属板（如铜板、镍板或镀金的金属板）作为燃料电池的集流板。集流板的性能主要取决于其材料特性、流场设计及加工技术。

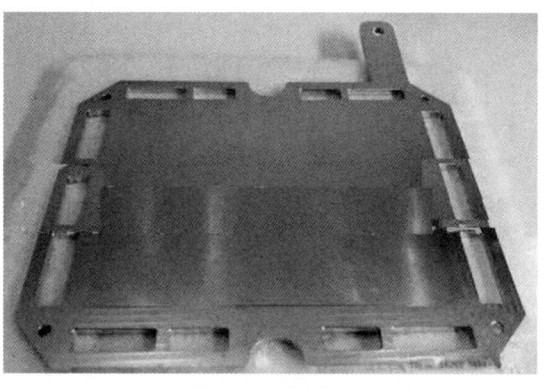

图 2-8 集流板

2.2.4 绝缘板

绝缘板在燃料电池中扮演着关键的非功率贡献角色，它的主要功能是电气隔离，确保集流板与电池端板之间不会发生电气连接（图 2-9）。为了提升燃料电池的功率密度，工程师们努力在不牺牲绝缘性能的前提下，尽量减轻绝缘板的厚度和重量。然而，这一过程需谨慎处理，因为减薄绝缘板材料可能会在生产过程中产生微小的穿透性缺陷，即"针孔"，而这些缺陷有可能降低其绝缘性能。此外，也需警惕在此过程中意外混入其他导电材料的可能性，这将进一步降低绝缘性能。

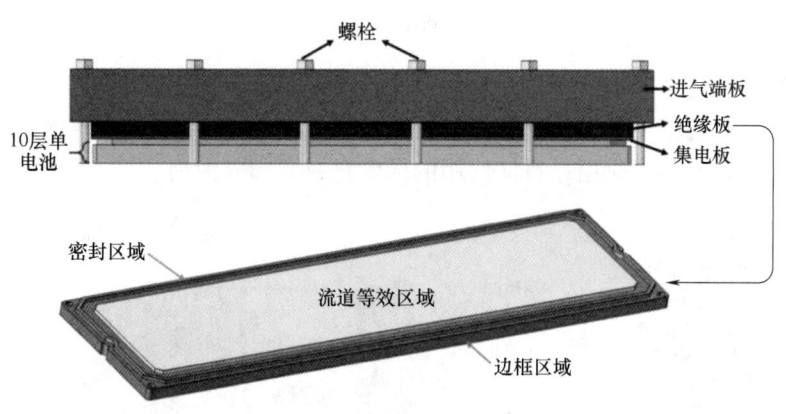

图 2-9 绝缘板位置示意图

2.2.5 端板

端板（图 2-10）的主要作用是控制接触压力，因此足够的强度与刚度是端板最重要的特性。足够的强度可以保证在封装力作用下端板不发生破坏，足够的刚度则可以使端板变形更加合理，从而均匀地传递封装载荷到密封层和 MEA 上。

2.2.6 紧固件

紧固件的作用主要是维持电堆各组件之间的接触压力，为了维持接触压力的稳定以及补偿密封圈的压缩永久变形，端板与绝缘板之间还可以添加弹性元件。电堆的紧固部件根据封装形式的不同而有差异。螺栓紧固方式由螺杆、螺母和垫片等组成，绑带紧固方式由绑带和弹簧垫圈等组成。

如图 2-11 所示，螺栓紧固方式通过对端板上的螺栓、螺母施加合理的力矩完成整堆

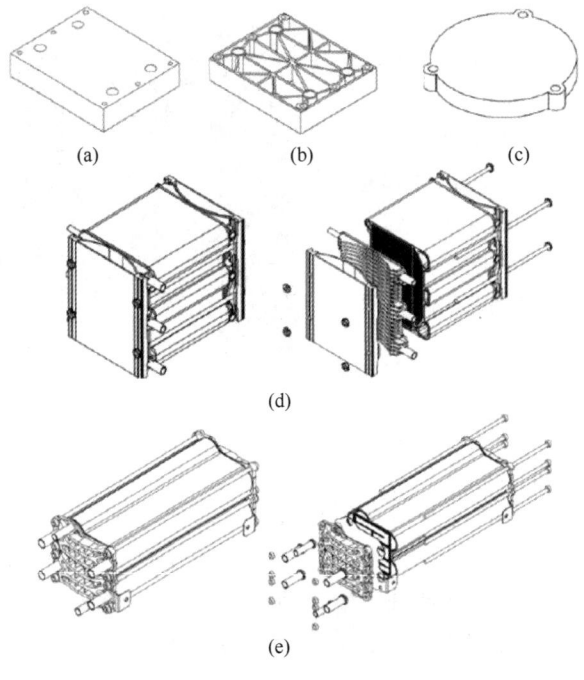

图 2-10 端板

(a) 矩形端板　(b) 加筋端板　(c) 圆柱形端板　(d) Bomb 形端板　(e) D 形端板

封装，螺栓紧固式封装结构体积较大，简单易行、可靠性较高。绑带紧固式封装结构体积比功率高、电堆封装结构紧凑，绑带封装的受力状态较难控制，但容易对封装力的大小进行控制，近年来得到不少应用；目前使用的绑带材料大部分为钢。

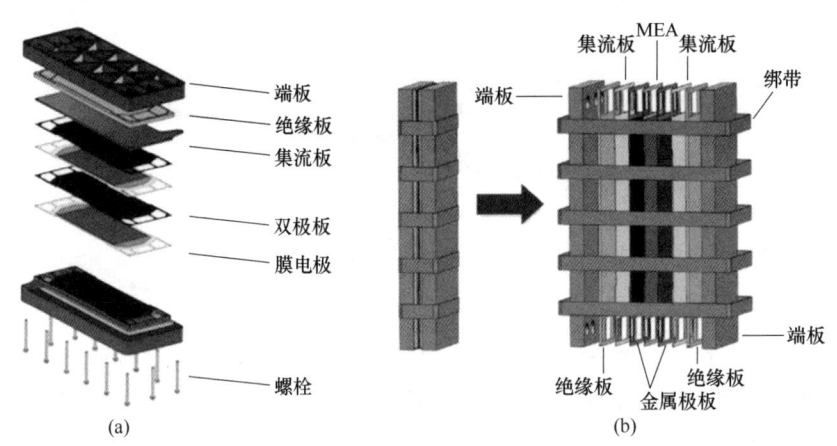

图 2-11 紧固件

(a) 螺栓紧固方式　(b) 绑带紧固方式

2.2.7 密封圈

燃料电池用密封圈（图 2-12）主要作用就是保证电堆内部的气体和液体正常、安全地流动，需要满足以下要求：较高的气体阻隔性，保证对氢气和氧气的密封；低透湿性，保证高分子薄膜在水蒸气饱和状态下工作；耐湿性，保证高分子薄膜工作时形成饱和水蒸气；环境耐热性，适应高分子薄膜的工作环境；环境绝缘性，防止单体电池间电气短路；橡胶弹性体，吸收振动和冲击；耐冷却液，保证低离子析出率。

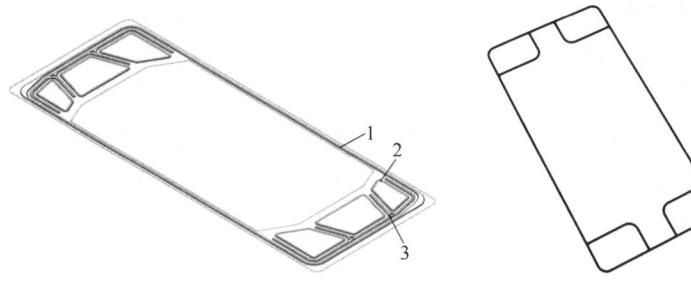

图 2-12　密封圈
1—外沿约束环　2—边沿约束环　3—加强筋

2.2.8　封装部件

在实际应用中，电堆的堆栈及其他附件都是封装于一个壳体之内的，即实际应用中我们看到的成品电堆基本都是如图 2-13 所示。

图 2-13　丰田 Mirai 电堆模块

封装壳体需要注意，壳体材料密度要小，强度要高，且易于机械加工成型。同时需要考虑内部接触处电堆的短路防护，具有一定的外界防水能力，具有一定的防酸碱腐蚀能力，且具有一定的高低温耐久性。

那么壳体内都包含哪些模块和组件呢？下面以丰田一代电堆（图 2-14）为例进行展示，基本上电堆封装进壳体内的模块都包括以下五个部分。

① 电堆。电堆是燃料电池堆系统的核心，发生电化学反应以提供动力的场所。

图 2-14　丰田一代电堆
1—电堆　2—固定模块　3—燃料电池巡检
4—汇流排模块　5—通气口

② 固定模块。固定模块保证堆栈与壳体牢牢地固定在一起，避免在外力载荷作用下，堆栈在壳体内发生滑动，影响堆栈的结构稳定性固定模块。

③ 燃料电池单体电压巡检模块（Cell Voltage Monitoring，CVM）。作为燃料电池模块中唯一的电子模块，它负责收集燃料电池单体的电压信息（或整个电堆的总电压），并将这些信息发送至燃料电池系统的控制器（图2-15）。通过检查单体电压的变化，CVM能够评估和监控燃料电池的工作状态，确保其性能处于最佳状态。这是燃料电池系统健康监测和维护中的一个重要组成部分，它有助于预防故障，延长燃料电池的使用寿命，同时也确保了汽车的安全运行。

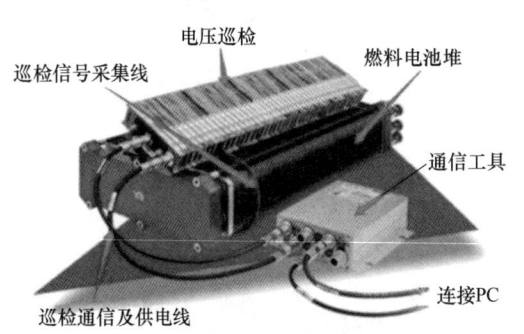

图2-15　燃料电池单体电压巡检模块

④ 汇流排模块。该模块为燃料电池模块中高压电气部件的一部分，汇流排一般是由导电性能良好的金属制成的条状导体，主要功能是汇集电流并通过高压接插件向外界输出电流，以驱动汽车或提供其他所需的电力。这一模块对于实现燃料电池堆的电气稳定性和高效能量转换至关重要。

⑤ 开口。壳体上有开口，与大气相通，从而避免壳体内渗漏氢气的聚集；但是开口处又必须有防水功能，避免外部水分进入壳体内，导致壳体内水的冷凝聚集；另外，壳体的开口应具有向外排水而外部液态水又不能进入壳体内部的功能。

各个电堆生产厂家的方案有所不同，有的采用防水透气膜，安装于封装壳体上，有的采用吹扫的方式，在封装壳体上开设吹扫口，通过主动吹气的方法排除壳体内部的氢气和水分。

学习检查

1. 典型的燃料电池堆由_____堆栈而成，包括_____、_____、_____、_____、_____、_____、_____、_____等八个结构。

2. 质子交换膜的作用是传递_____和水分子，但阻隔_____的通过，从而分隔氧化剂与还原剂，提高能量利用效率。

3. 燃料电池堆中重量占比最大的部件是_____，目前成本最高的部件是_____。

4. _____负责收集燃料电池单体的电压信息（或整个电堆的总电压），并将这些信息发送至燃料电池系统的控制器。

任务3　解析氢气子系统的原理与组成

任务导入

氢气子系统作为氢燃料电池汽车中的关键组成部分，其作用是安全、有效地存储和输送氢气至电堆。氢气子系统各部分协同工作，是确保整个系统效率和安全的基础。本任务将引导大家深入了解氢气子系统的工作原理及其结构设计，加深对氢能源在汽车中应用的认识。

 任务目标

- **素质目标**

培养在学习和实际操作中认真负责的态度

培养分析复杂系统的能力和全局意识

通过任务的完成，培养思考与学习能力，增强工程思维

- **知识目标**

解析氢气子系统的工作原理，理解氢气如何在系统中被有效利用

学习氢气子系统的结构组成，包括存储、输送和控制等关键环节

掌握氢气管理的重要性及其对燃料电池汽车性能的影响

- **技能目标**

能够理解氢气子系统的各个组成部分及其作用，认识氢气子系统的工作原理与结构

能够认识氢气子系统中各个零部件及其结构、性能要求与指标

能够识别并掌握氢气子系统关键部件的组成、功能及作用，具备基础的检修和故障排查能力

 **相关知识**

3.1 氢气子系统工作原理

氢气子系统主要由高压储氢瓶、调压阀、氢气喷射器、氢气循环泵、气水分离器及排氢阀等部件组成。

电堆以氢气为反应燃料，车辆使用的氢气存储在高压储氢瓶中，而输入电池堆的氢气压力与流量是要根据电堆工作状况进行控制的。氢气子系统的作用是为燃料电池系统提供适当压力与流量的氢气，如图 2-16 所示是燃料电池氢气供给系统示意图，氢气瓶内氢气压力一般高达 35~70MPa，需要降低至燃料电池堆能够使用的压力水平，约 40~300kPa，先经过减压阀降到合适压力，再通过进气控制阀控制为电池堆所需压力。阳极侧没有参加反应的氢气从氢气排出口排出，经过氢气循环装置循环利用再次进入电堆，可提高氢气利用率，同时有利于带走阳极侧累积的渗透氮气以及液态水，配合排氢阀动作，将渗透氮气和液态水排出系统之外，可提高电堆单体一致性。气水分离器用于过滤阳极出口液态水，防止液态水随循环氢气进入氢循环装置引起生锈腐蚀；在零下低温环境下，排氢阀内部会因液态水而结冰，故需通过加热 PTC 进行融冰，保证排氢阀能够正常使用。系统中的传感器实时监测氢气的压力、温度等状况，并反馈给燃料电池控制器（FCU）。在 FCU 的控制下，调压阀通过实时调节开度进行氢进压力控制，若反应压力失控则泄压阀开启，防止氢压过高而损坏电堆或引发危险。紧急情况发生时氢进电磁阀关闭，保证氢气子系统安全。

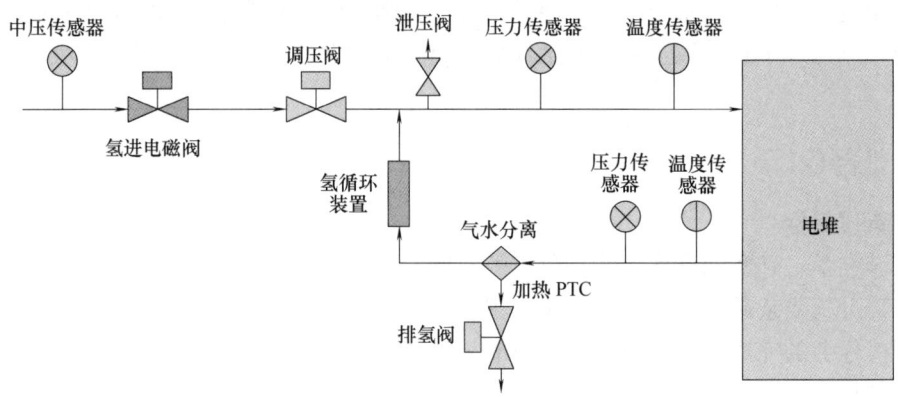

图 2-16　燃料电池氢气供给系统示意图

3.2　氢气子系统关键部件

3.2.1　高压储氢瓶

储氢装置是储存和提供氢气的装置，车载储氢技术主要包括高压气态储氢、低温液态储氢、固体储氢和有机液体储氢。高压储氢因具有设备结构简单、压缩氢气制备能耗低、充装和排放速度快等优点而备受重视，是目前占绝对主导地位的氢能储输方式。

高压储氢瓶主要分为四种类型：全金属气瓶（Ⅰ型）、金属内胆纤维环向缠绕气瓶（Ⅱ型）、金属内胆纤维全缠绕气瓶（Ⅲ型）、非金属内胆纤维全缠绕气瓶（Ⅳ型）（图 2-17）、无内胆纤维全缠绕气瓶（Ⅴ型）各种类型的主要技术参数表 2-2 所示。Ⅲ型、Ⅳ型瓶因采用了纤维全缠绕结构，具有重容比小、单位质量储氢密度高等优点，已广泛应用于氢燃料电池汽车。以丰田 Mirai 为例，它搭载的储氢瓶为Ⅳ型瓶，采用了三层结构，即塑料内衬（树脂内胆）、碳纤维强化树脂中层和玻璃纤维强化树脂外层。

其中，内衬用于密封氢气，并有缠绕芯模的作用，基本不承受载荷。碳纤维强化树脂中层确保高耐压强度。玻璃纤维强化树脂外层用于保护氢瓶的外表面。

储氢瓶工作压力越高，同等容积下能够存储的氢气越多，因此要求高压储氢瓶能储存更高压力的氢气，更安全，使用寿命更长，抗腐蚀、耐高温、抗疲劳等。

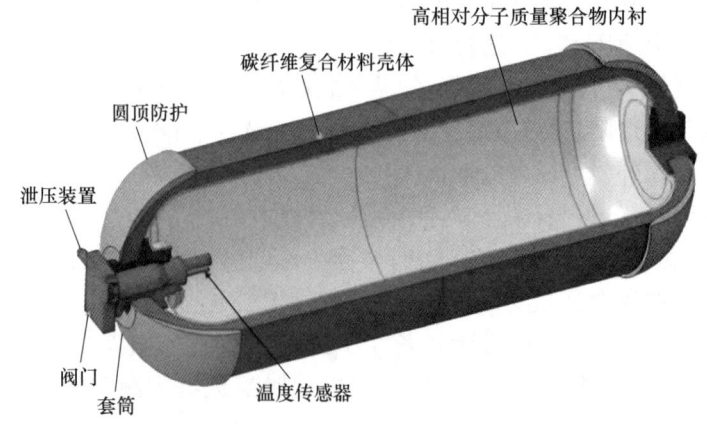

图 2-17　Ⅳ型瓶结构图示

表 2-2　　　　　　　　　　高压储氢瓶的分类及主要技术参数

类型	Ⅰ型	Ⅱ型	Ⅲ型	Ⅳ型
气瓶结构材质	纯钢质金属	钢内胆纤维环向缠绕	铝内胆纤维全缠绕	塑料内胆纤维全缠绕
工作压力/MPa	17.5~20.0	26.3~30.0	30~70	70 以上
产品重容比/(kg/L)	0.90~1.30	0.60~0.95	0.35~1.00	0.30~0.80
使用寿命/年	15	15	15/20	15/20
储氢密度/(kg/m³)	14.28~17.23	14.28~17.23	40.40	48.80
车载使用情况	否	否	是	是

3.2.2 中压传感器

中压传感器是一种用于精确测量氢气压力的传感器（图 2-18），高压氢气从储氢瓶经减压阀减压至 0.8~1.2MPa，绝对压力在 0.1~10MPa 范围内，属于中压。压敏元件将压力转化为电信号并反馈给燃料电池控制器，作为调节氢进电磁阀开关以控制氢进压力的依据。此外，中压传感器数据还可用于故障诊断、系统优化和性能改进。

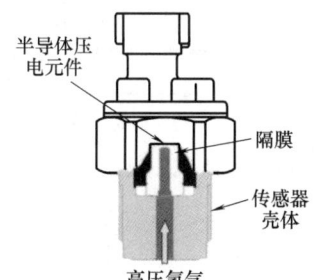

图 2-18　中压传感器

中压传感器根据测量压力类型不同可以分为绝对气压传感器和相对气压传感器，区别在于两者的测量基准不同，绝对压力传感器以真空为基准，而相对压力传感器以大气压为测量基准。根据结构与原理的不同可分为压阻式、电容式、压电式、电感式、膜片式压力传感器等。

3.2.3 氢进电磁阀

氢进电磁阀（Hydrogen Inlet Solenoid Valve），是氢能源设备中的关键组件之一，尤其是在氢燃料电池系统中。它的主要作用是控制氢气从储氢瓶到燃料电池堆的流动，确保氢气的供应既安全又高效。燃料电池系统工作时氢进电磁阀开启，紧急情况发生时氢进电磁阀关闭，保证氢气子系统安全（图 2-19）。

电磁阀从原理上分为三大类：直动式电磁阀、先导式电磁阀和分步直动式电磁阀。氢进电

图 2-19　氢进电磁阀

磁阀常用的是直动式电磁阀。

它的结构一般包括阀体、电磁铁、弹簧、阀芯和密封件等。电磁铁通电时，吸引阀芯，使其与阀座密封，阀门关闭，从而阻止氢气通过。当电磁铁断电时，磁场消失，在弹簧的作用下，阀芯与阀座分离，阀门打开，氢气可以顺畅地流过阀门。这种控制方式可以迅速响应，实现对氢气流动的精确控制。

3.2.4 氢气喷射器

氢气喷射器在燃料电池系统中的作用与燃油发动机的喷油系统一样，将储氢瓶中氢气喷射到燃料电池中，为燃料电池系统输送稳定流量和压力的氢气，其性能好坏直接影响着燃料电池系统的性能。如图 2-20 所示，喷射器主要由喷嘴、混合室、等面积混合区以及扩压室 4 个部分组成。其原理是通过控制氢气喷嘴的开关频率和时间，达到控制氢气流量和压力的效果，并可根据燃料电池系统工况实现对氢气压力、喷射时间、喷射流量的精准控制。

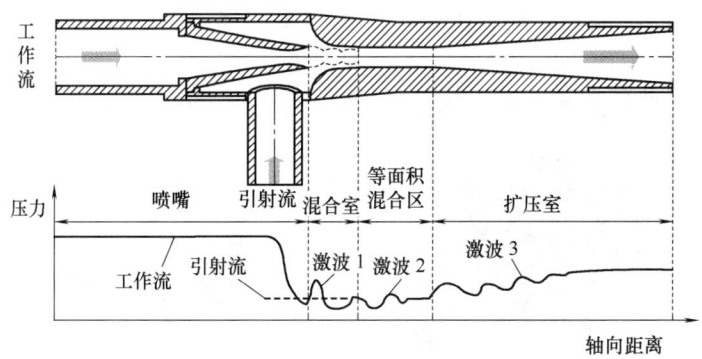

图 2-20 氢气喷射器结构原理图

以丰田 Mirai 的氢气喷射器为例，它能根据一定的控制策略，针对燃料电池系统的工作状况，对三个喷嘴的状态进行精确控制。

氢气喷射器中的三个喷嘴并不是同时实时工作的，根据燃料电池汽车的工况不同，各喷嘴的启闭状态及频率都不同。启动工况下，燃料电池堆的输出功率较低，只有峰值功率的 10% 左右。在此工况下，只有一个喷嘴工作，并且，喷嘴的启闭控制采用 PWM（Pulse Width Modulation）波。在行驶工况时，氢气喷射器的三支喷嘴根据燃料电池堆的功率需求逐渐开启，通常，喷嘴 1 和喷嘴 2 的开启伴随燃料电池堆的全功率范围，而喷嘴 3 只有燃料电池堆功率到达峰值功率的 60% 左右时才会开始工作。

3.2.5 氢气循环泵

氢气循环泵（图 2-21）是氢气子系统中循环氢气的重要装置，氢气循环泵的作用包括以下几方面：

图 2-21 氢气循环泵

① 在燃料电池堆发电过程中，将燃料电池堆氢气出气路内未反应的氢气循环送至燃料电池堆入口，减少氢气泄漏，提升氢气的利用率。

② 将燃料电池堆电化学反应生成的水汽与较干的外界进气相混合，进而起到进气增湿的作用。

③ 氢气循环过程中，阴极生成的水可以经由气水分离器过滤，氢气循环泵的作用使阳极与阴极之间形成一定的压差，阴极空气中渗透到阳极的氮气量减少，阳极积累的渗透氮气以及液态水可以通过定期吹扫，配合排氢阀动作，将它们排到系统之外，提高阳极反应氢气的纯度。

从结构形式上来分，氢气循环泵主要有涡旋式、凸轮式、爪式、罗茨式等。涡旋式氢气循环泵是通过高速旋转叶片将能量传递给介质来实现氢气的输送。凸轮式和爪式氢气循环泵均是通过转子旋转运动导致容积变化，来实现氢气的输送。

氢气循环泵 MAP 图是体现其升压能力的重要性能表征方式，如图 2-22 所示，它展示了循环泵不同转速、压升，即氢气循环前后压力变化量、流量和功率之间的关系。

从图 2-22 中可以看出，转速不变时，当氢泵进出口压差增加时，流量和容积效率降低，主要是因为进排气口压差增加会导致气体的内泄漏量加大。在相同压升和转速情况下，流量增加，压比降低，综合结果就是功率和效率都少量增加。

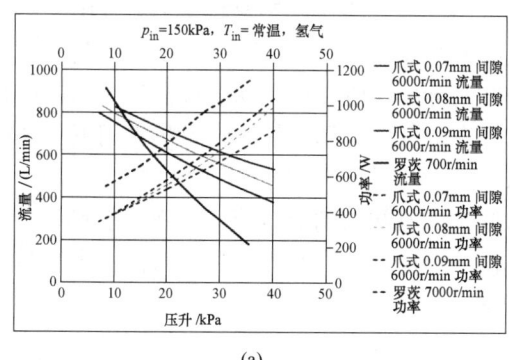
(a)

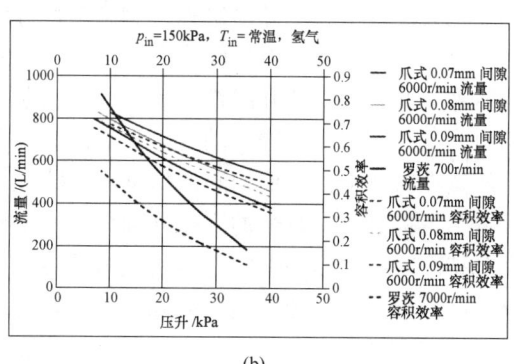
(b)

图 2-22　不同间隙爪式氢泵与罗茨式氢泵性能 MAP 图
（a）流量-压升-功率图　（b）流量-压升-容积效率图

3.2.6　排氢阀组件

（1）气水分离器

燃料电池的产物水，大部分通过空气出口排出，少部分会通过质子交换膜反扩散至阳极，反扩散至阳极的水汽随氢气循环泵循环至燃料电池氢气入口，起到为氢气加湿的作用，而液态水需要通过气水分离器（图 2-23）排出，如果不对氢气中混杂的液态水进行处理，就会导致大量的液态水进入电堆，堵塞气体扩散层，造成水淹，严重影响燃料电池堆的正常运行。因此，在氢气循环泵（或引射器引射口）口前端安装气水分离器是很有必要的。气水分离器就用于过滤阳极出口液态水，防止液态水随循环氢气进入氢循环装置。

为确保燃料电池汽车系统的高效与安全运行，气水分离器的设计必须有高效的分离性能，确保气体和液体有效分离，防止液态水夹带进入系统；气水分离器用于分离氢气和

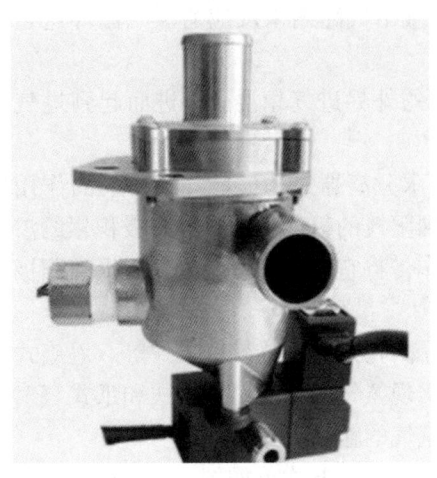

图 2-23 气水分离器

水,因此需要具有良好的密封性能,以防氢气泄漏;设计中应考虑最小化气水分离器的流动阻力,以降低氢气循环泵的工作压力;在低温环境下启动燃料电池汽车时,气水分离器应具备防止结冰的能力,避免排水口堵塞,影响分离效率;目前气水分离器通常与排水阀集成设计,实现自动排水,保持系统清洁以提高使用便捷性。

气水分离器的设计多样,分离技术包括但不限于重力沉降、折流分离、离心分离以及丝网分离等方法。这些技术本质上都是利用气体和液体的密度差异进行分离。对于这些分离技术的具体应用和原理,已有众多资料详细介绍,此处不再赘述。

(2) 排氢阀

排氢阀位于氢燃料电池系统氢气回路中,两端分别连接阳极管路与通往外部大气的管路,阳极侧电堆未反应的氢气及阴极侧渗透过来的氮气、水,会流经气水分离器,水气分离器把大部分液态水分离出去,剩余少部分的水和混合气体经过排氢阀排到大气中。

排氢阀通常采用电磁阀,阀通电时,在线圈磁场作用下,静铁芯把动铁芯吸起,弹簧受压缩,此时动铁芯和静铁芯吸合,动铁芯和阀座分离,流体可以从入口流动至出口;阀断电时,线圈磁场消失,动铁芯和静铁芯分离,在弹簧回复和动铁芯自重的作用下,动铁芯压紧在阀座上,从而切断流体从入口流至出口。

为了提高燃料电池的安全性和效率,要求控制排氢阀的响应时间,精确控制其开启时间和持续时间,作为燃料电池氢气排放装置,排氢阀还需要具有一定的气密性,排氢阀的材料必须具备耐腐蚀、高强度和气密性好的特点。

(3) 排水阀

排水阀主要用于控制和管理燃料电池系统中水的排放,确保阴极反应生成的水能够被有效地从系统中排出,以维持电池性能,防止过度积水或在低温环境下因结冰损坏,影响电池效率和安全。

排水阀通常位于燃料电池堆的底部,连接着气水分离器。它可以是手动操作的,但在现代氢燃料电池汽车中,更多使用电磁阀并自动控制,根据水的积累量自动开启和关闭。当气水分离器中的水积累较多时,系统检测到积累水达到一定量,则控制排水阀打开,将积水排到系统外部。水可以直接排到车辆外部,或者通过一定的处理后再排放,以确保不会对环境造成负面影响。

学习检查

1. 氢气子系统的主要作用是为燃料电池堆提供压力、流量适宜的_____。
2. 氢气子系统工作过程中,_____中的氢气经过_____测量氢气入口时压力,再到_____来控制储氢管路与系统氢进管路的通断,然后通过调压阀来调整_____以及_____对超过限定压力进行泄压。再经压力传感器和温度传感器测量电堆氢进温度压力，最后进入燃料电池堆，在电堆中与空气中的氧气发生电化学反应，产生电能和水。反应后从电堆排出时也会经过压力传感器和温度传感器测量氢气的温度和压力，经过_____从_____排出渗透的液态水及氮气，其中未完全反应的氢气到_____进行循环利用。

任务4　解析空气子系统的原理与组成

任务导入

空气子系统在氢燃料电池汽车中的作用不可小觑，它负责为燃料电池提供必需的氧气，使其与氢气发生反应，产生电能。本任务将学习和理解空气子系统的工作原理及其关键组件如何确保氧气的有效供应和管理。

任务目标

- **素质目标**

培养在学习和实际操作中认真负责的态度

增强对氢燃料电池环保特性的认识，理解空气滤清在保护环境中的重要作用

通过任务的完成，培养协作精神和团队合作精神

- **知识目标**

掌握空气子系统的组成结构，包括空气压缩机、空气滤清器、加湿器和背压阀的基本功能和作用

理解空气子系统的工作原理，熟悉空气流量控制、压力调节和湿度调节的运行机制

理解空气子系统在氢燃料电池运行中的作用及其性能影响因素，如空气供应的流量、压力和湿度对电堆性能的影响

- **技能目标**

能够识别空气子系统的主要部件及其性能要求，正确判断各部件的功能和应用场景

能够诊断空气子系统的常见故障，熟练掌握如空气泄漏、压缩机故障和湿度异常的检测与排除方法

能够分析空气子系统的性能数据，根据实际问题提出优化建议，以提升氢燃料电池的工作效率

相关知识

空气子系统的主要作用是对即将进入燃料电池的空气进行过滤、加压、加湿等处理，保证燃料电池堆阴极侧的温度、压力、湿度及流量处于比较舒适的范围内。

一个典型的空气子系统一般由空气滤清器、空气质量流量计、空气压缩机、中冷器、增湿器、背压阀、电子节气门以及各种传感器等组成。

4.1　空气子系统工作原理

空气必须经过严格的过滤才能使用，过滤好的空气经过空压机加压到合适的压力，经

过加湿后进入电堆。由于阴极侧会生成水,要及时排出水,避免水堵塞扩散层的孔隙,发生"水淹"阴极故障。

燃料电池系统中的空气子系统通过空气压缩机从外界吸入空气,经过过滤和湿度调节后,将含有氧气的空气以适当的流量和压力供给燃料电池堆,供电化学反应使用。反应后,未消耗的气体和生成的水蒸气通过排气系统排出,以维持系统的稳定运行。

4.2 空气子系统的组成

如图 2-24 所示是空气子系统的主要构成。

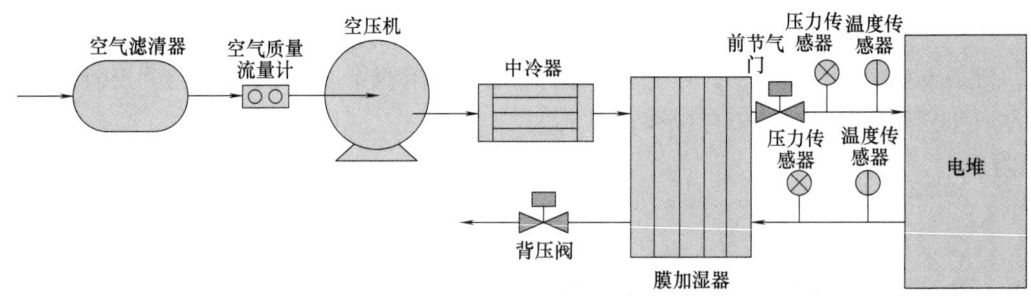

图 2-24 空气子系统构成

4.2.1 空气滤清器

在空气入口的初始端,需要安装一个空气滤清器用于去除空气中的灰尘以及有害物质,如图 2-25 所示。空气滤清器的主要功能是从进入燃料电池系统的空气中去除颗粒物、灰尘和其他污染物,以确保提供干净的空气供燃料电池使用。空气通过滤材时,滤材上的纤维或孔隙会捕获空气中的污染物,从而使干净的空气流出。

图 2-25 空气滤清器

空气子系统中的空气滤清器由上下盖板和中间的滤芯构成,滤芯是整个过滤器的核心组件,负责空气的净化处理。滤芯内部包含物理吸附层和化学吸附层,这两层分别实现了物理过滤和化学吸附的功能。首先,物理吸附层主要用于过滤空气中的颗粒物,如灰尘、粉尘和气溶胶等,类似于传统燃油车中的空气滤清器功能,能够防止颗粒物堵塞燃料电池系统的进气通道、双极板等关键部位,同时也保护系统中的中冷器和增湿器不受磨损。此外,通过去除这些颗粒物,物理吸附层还能防止它们进入燃料电池堆内,减少电池膜的污染,避免对电化学反应器件的磨损,从而延长燃料电池的使用寿命。其次,化学吸附层通过吸附和化学反应来去除空气中的有害气体,如二氧化硫(SO_2)、氮氧化物(NO_x)、氨气(NH_3)、一氧化碳(CO)、油漆、染料、杀虫剂和汽油等。这些有害气体如果进入燃料电池堆,会导致催化剂中毒,从而引起燃料电池性能的下降。因此,化学吸附层的存在是氢燃料电池系统特有的要求,确保了燃料电池能够稳定高效地运行。

4.2.2 空气质量流量计

燃料电池空气供应系统中,空气质量流量计也是一个不可忽视的关键部件。燃料电池发动机中用到的空气质量流量计与传统发动机上用的空气质量流量计基本一致,主要功能是用来测量进入空气管道的空气流量,进而用于标定进入燃料电池阴极的空气过量系数("空气过量系数"指的是实际供给燃料电池堆的空气量与理论上完全反应所需空气量的比值。简单来说,它表示系统供给的空气是否超过或达到化学反应所需的最小量)。图2-26与图2-27分别展示了燃料电池空气质量流量计的外观及具体结构。

图2-26 燃料电池空气质量流量计

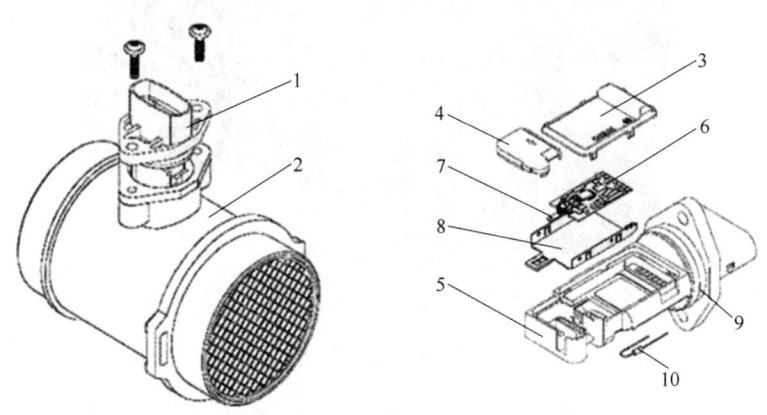

图2-27 BOSCH空气质量流量计结构图

1—插入式传感器 2—圆柱形壳体 3—外盖 4—外盖测量通道
5—插入式传感器壳体 6—混合电路 7—传感器 8—底板 9—O型圈 10—温度传感器

一般而言，对燃料电池系统中空气路的空气质量流量计的技术要求有：①响应时间快；②测量精度高；③流阻小；④可靠性高等。下面以 BOSCH 空气质量流量计为例介绍一下空气质量流量计结构和原理。

该空气质量流量计是热膜式空气质量流量计，属于一种热式流量计。根据托马斯（Thomas）提出的"气体的放热量或吸热量与该气体的质量流量成正比"的理论，利用外热源对传感器探头加热，气体流动时会带走一部分热量，使得探头温度改变，通过测量因气体流动而造成的温度变化得出气体的质量流量。

BOSCH 空气质量流量计中，传感器元件及其温度传感器和加热区域位于待测的气流中，测量管内的部分气流通过插入式传感器壳体上的一个测量通道流经传感器元件，通过校准调整管内的气流总质量。

在硅基材料制成的传感器元件上通过腐蚀形成一层薄膜片，薄膜片上有一个加热电阻和各种温度传感器。膜片中间是加热区域，可以借助加热电阻和一个温度传感器调整温度，温度值取决于进气温度。当无气流通过时，膜片边缘的温度近似线性下降。

在加热区域上游和下游有两个以加热区域为中心对称分布的温度传感器，在没有气流时两个传感器显示的温度相同。当有气流通过时，通过边界层的热传递，位于加热区域上游的膜片部分温度下降，而下游的温度传感器温度由于加热区域内的热空气几乎不变。

因此，当有气流流过时，加热区域上游和下游的温度传感器会出现一定的温度差，温度差的数值和方向与通过的气流有关。两个传感器的差值信号通过适当的方式增强，进而可以获取一条与气流特性相关的曲线，从而计算出通过的空气流量。

4.2.3 空气压缩机

空气压缩机又叫空压机，是空气子系统中最核心的部件，它的作用是将空气增压，为燃料电池提供适当压力的气体，使得燃料电池的阴极侧的压力始终处于较为高效的区间。氢燃料电池空压机如图 2-28 所示，空压机性能 MAP 如图 2-29 所示。

图 2-28 氢燃料电池无油空压机

空压机是压缩机的一种，可以分为容积式和动力式两种类型。与一般的空气压缩机不同，空气子系统对空压机的主要要求如表 2-3 所示。燃料电池用的空气压缩机需要完全无油，以防止燃料电池催化剂中毒，影响燃料电池的输出性能，并且还需要空压机具有高

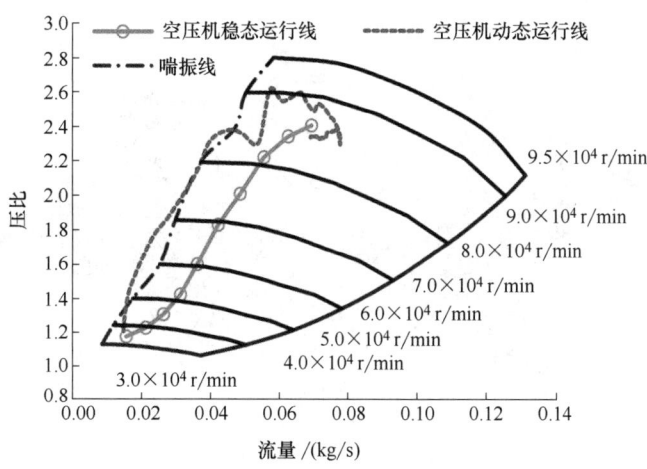

图 2-29 空压机性能 MAP

流量、高压比的特性。燃料电池常用的空压机类型有螺杆式空压机、罗茨式空压机、涡旋式空压机、滑片式空压机及离心式空压机。

表 2-3 空气子系统对空压机的主要要求

要求	描述
无油	润滑油会使催化剂中毒,需采用水润滑轴承或空气润滑轴承
高效	作为 BOP 中寄生功率最大的部件,高转换效率的空压机可减少系统寄生功率
低噪声	控制空压机噪声可显著降低整个燃料电池系统的噪声水平
小型化	小体积、低质量的空压机有助于提升系统整体的功率密度
低成本	空压机是 BOP 中成本最高的部件,降低其成本可有效降低系统总成本
动态响应能力好	系统需求功率变化时,空压机应能迅速调整转速以响应流量和压力需求

4.2.4 中冷器

(1) 中冷器的作用及类型

中冷器的作用是冷却来自空压机的压缩空气,它通过冷却液和空气的热交换来降低压缩空气温度,使进入电堆的空气温度在合理的范围内,其主要结构由芯体、主板、水室和气室组成。中冷器的特点是热交换量大,清洁度要求高及离子释放率低,其外观如图 2-30 所示。

空气经过空压机压缩后,温度会升高,能达到 150℃ 以上,过高的温度直接通入电堆会产生两个问题:

① PEM 燃料电池属于低温燃料电池,工作温度在 100℃ 以下,如果过高温度的空气直接通入燃料电池,会对质子膜造成不可逆的损伤。

② 空气温度过高,饱和蒸气压很大,气体的相对湿度会很低,直接通入电池中容易引起质子膜"干燥",导致无法启动或功率降低。

因此,需要在空压机后面安装一个中冷器,用来降低入堆空气的温度,防止高温空气损伤膜电极,同时起到降温增湿的效果。

中冷器根据换热操作过程不同,可以分为间壁式、蓄热式、混合式三种。其中间壁式

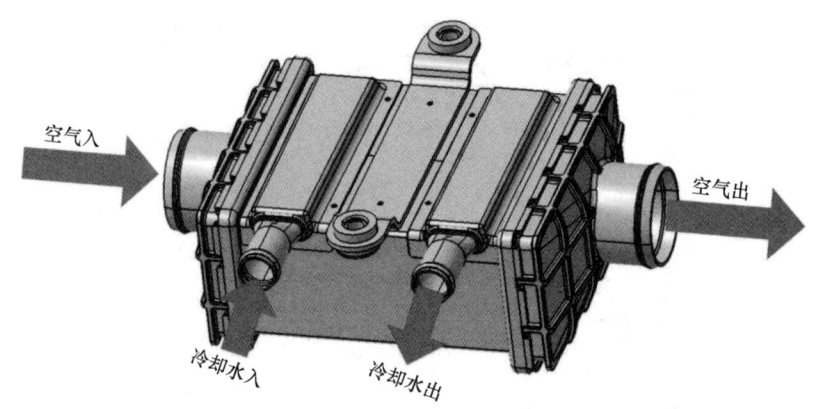

图 2-30 中冷器外观图

是工程上使用最为广泛的一类。而在燃料电池系统中，逆流式中冷器是最常用的一种。其中，逆流式中冷器按冷却液类型分类主要分为风冷式和水冷式，在燃料电池系统中通常用的是水冷式逆流中冷器（图 2-31），介质是去离子水。

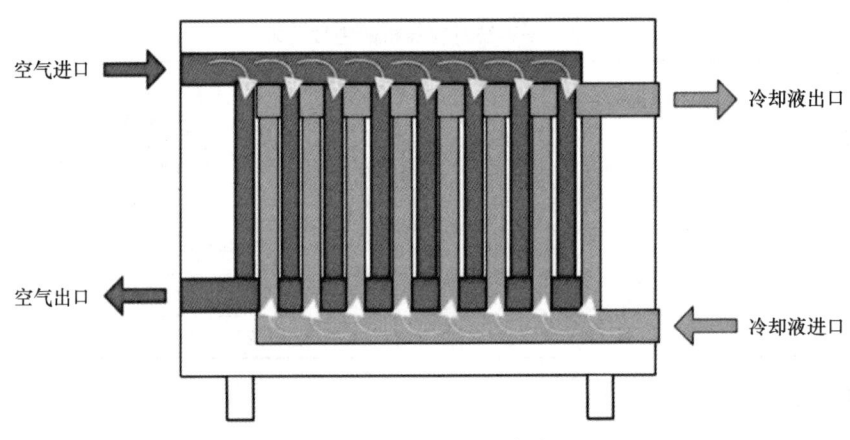

图 2-31 水冷式逆流中冷器

（2）中冷器的散热影响因素

中冷器的散热与进气的空气流量、温度，冷却液的流量、温度均有关系：
① 入口空气流量增加、入口空气温度升高，则中冷器空气出口温度升高。
② 冷却液温度降低、冷却流量降低，则中冷器空气出口温度升高。

4.2.5 增湿器

（1）增湿器的作用及类型

PEMFC 系统需要一定的含水量保证质子膜的电导率，降低电阻，提高输出功率，所以需要对气体增湿以保证质子膜的含水量。大多 PEMFC 系统采用空气加湿方案，增湿器起到的就是加湿作用，保证入堆空气湿度以及质子膜始终处于湿润状态。

PEMFC 系统中常用的增湿器类型有鼓泡型增湿器、焓轮增湿器、喷水型增湿器以及膜增湿器。其中，膜增湿器因为质量轻、结构简单、无寄生功率等优点，是 PEMFC 系统中使用较广泛的外部增湿方案。图 2-32 展示了膜增湿器的外观。

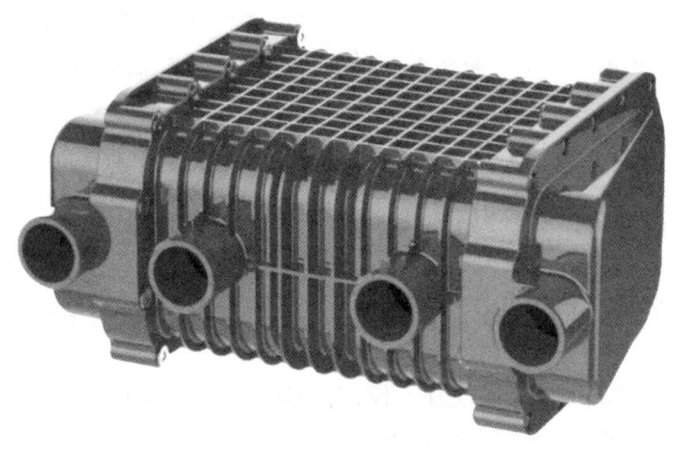

图 2-32 膜增湿器外观图

（2）膜增湿器

膜增湿器使用全氟磺酸质子膜作为传递媒介，在膜的一侧流通湿热的气体或液体，在膜的另一侧流通干燥的气体，膜两侧形成梯度差，水就会从高浓度的一侧向低浓度的一侧扩散。

根据水的来源，膜增湿器可以分为气—气增湿型（图 2-33）和液—气增湿型（图 2-34）。PEMFC 系统中常用的增湿器为气—气增湿型膜增湿器，利用反应后的空气作为增湿来源。空气经过燃料电池后，同时会携带大量反应过程产生的水分出堆，这部分水可以作为水分来源为入堆干空气增湿，提高气体的利用效率。

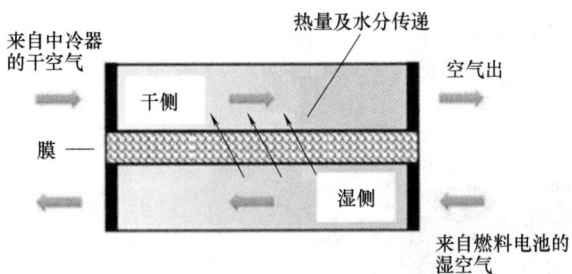

图 2-33 气—气增湿型膜增湿器

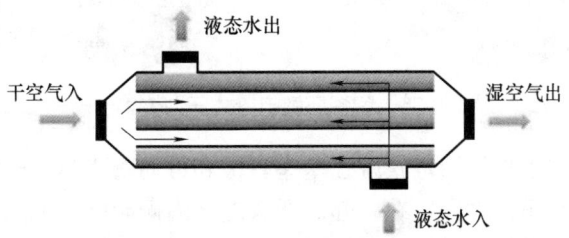

图 2-34 液—气增湿型膜增湿器

4.2.6 传感器

在燃料电池发动机上，热管理系统、空气系统、氢气系统都有用到压力传感器和温度传感器，但是由于工作环境不同，具体要求侧重点稍有不同。目前车用的压力传感器主要有陶瓷压敏电容和扩散硅压敏电阻两类，温度传感器一般都是负温度系数 NTC（Negative Temperature Coefficient）类型的。

（1）对压力传感器的要求

① 空气系统。

a. 用在出堆位置，工作在潮湿微酸性的环境中，需要耐腐蚀。在冷启动过程中，液态水凝冰会导致压力传感器失效，这是个难点。

b. 用在进堆位置，在空气路压力闭环中作为控制量使用，要求有比较高的精度、比较短的响应时间。

（注：一般不使用出堆压力作为压力闭环的控制量，是因为出堆位置环境较恶劣，压力传感器的可靠性不如进堆压力传感器可靠。）

② 冷却系统（热管理系统）。

a. 绝缘因素：传感器表面电势 50~100VDC，有漏电风险，以及影响电信号。与液体接触部分最好绝缘。

b. 离子析出：影响冷却液电导率，一般采用 316L 不锈钢材料。

③ 氢气系统。

a. 用在出堆位置，仅作为阳极压力损失监控量，对系统控制影响不大。

b. 用在进堆位置，进堆入口压力传感器为燃料电池系统工作时的关键控制参数，若传感器失效则对系统稳定运行影响较大。

c. 中压压力：氢脆影响。

（2）传感器种类

① 陶瓷压敏电容式压力传感器。

陶瓷压敏电容式压力传感器如图 2-35 所示。

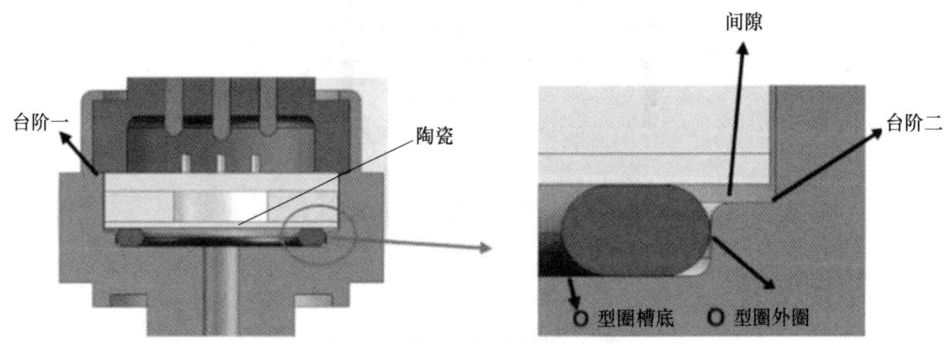

图 2-35　陶瓷压敏电容式压力传感器

原理：陶瓷电容技术采用固定式陶瓷基座电极和可动陶瓷膜片电极结构，可动膜片通过玻璃浆料等方式与基座密封固定在一起。两者之间内侧印刷电极图形，从而形成一个可变电容，当膜片上所承受的介质压力变化时两者之间的电容量随之发生变化，通过调理芯片将该信号进行转换调理后输出给后级使用。

a. 测量范围取决于陶瓷膜片的厚度。

b. 属于干式传感器（介电物质），温度影响小，不需要温度补偿。

陶瓷电容技术具有成本适中，量程范围宽，温度特性好，一致性、长期稳定性好等优势。

② 扩散硅压敏电阻式压力传感器。

扩散硅压敏电阻式压力传感器如图 2-36 所示：

原理：单晶硅在受到外力作用产生极微小应变时，其内部原子结构的电子能级状态会发生变化，导致其电阻率剧烈变化（G 因子突变）。被测介质的压力直接作用于传感器的不锈钢膜片，使膜片产生与介质压力成正比的微位移，使内部封装的单晶硅的电阻值发生变化，利用电子线路检测这一变化，并转换输出一个对应于这一压力的标准测量信号。

图 2-36 扩散硅压敏电阻式压力传感器

其中，不锈钢膜片扩散硅电阻式压力传感器如图 2-37 所示：

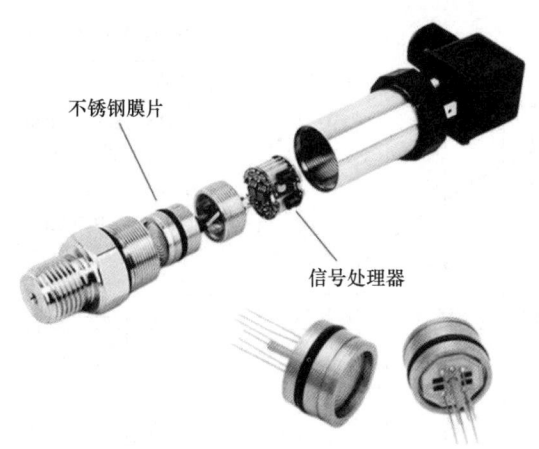

图 2-37 不锈钢膜片扩散硅电阻式压力传感器

a. 适合制作小量程的传感器：硅芯片的这种力敏电阻的压阻效应在零点附近的低量程段无死区，制作压力传感器的量程可小到几千帕。

b. 输出灵敏度高：硅应变电阻的灵敏因子比金属应变计高 50~100 倍，故相应的传感器灵敏度就很高，一般量程输出为 100mV 左右。因此对接口电路无特殊要求，使用比较方便。

c. 精度高：由于传感器的感受、敏感转换和检测三部分由同一个元件实现，没有中间转换环节，重复性和迟滞误差较小。单晶硅本身刚度很大，变形很小，保证了良好的线性。

d. 可靠性高：由于工作弹性形变低至微应变数量级，弹性芯片最大位移在亚微米数量级，因而无磨损，无疲劳，无老化，寿命长。

e. 长达 1×10^3 次压力循环，性能稳定，可靠性高。但是，由于膜片很薄，膜片最大位移小，如果外力碰撞致使位移超量程，会造成零点漂移或者损坏。

f. 温度补偿：扩散硅有一定的温度特性，没有温度补偿，测量误差可能会比较大。

③ NTC 与 PTC 热敏电阻式温度传感器。

NTC 热敏电阻式温度传感器，以锰、钴、镍和铜等金属氧化物为主要材料，采用陶瓷工艺制造而成。这些金属氧化物材料都具有半导体性质，因为在导电方式上完全类似锗、硅等半导体材料。温度低时，这些氧化物材料的载流子（电子和孔穴）数目少，所以其电阻值较高；随着温度的升高，载流子数目增加，电阻值则降低。NTC 热敏电阻器电阻在室温下的变化范围在 100~1000000Ω，温度系数 -6.5%~-2%。图 2-38 为 NTC 电压-温度关系曲线。

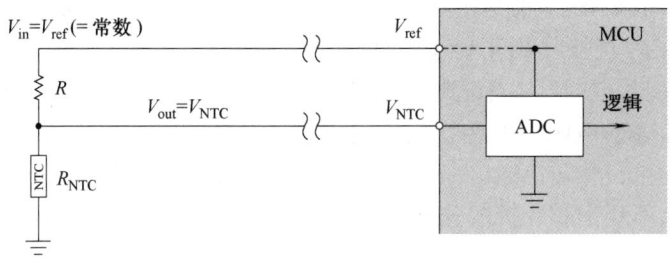

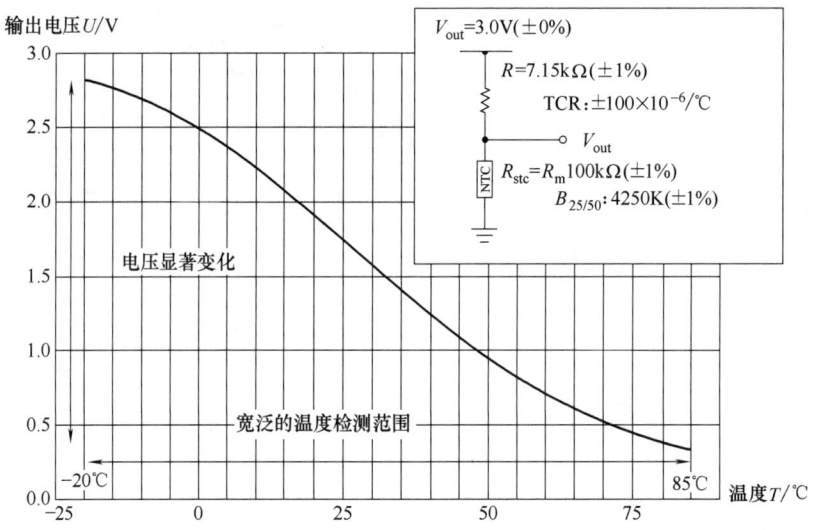

图 2-38　NTC 电压-温度关系曲线

注：

MCU（Microcontroller Unit）：微控制器单元；

ADC（Analog-to-digital converter）：模拟数字转换器；

TCR（Temperature Coefficient of Resistance）：电阻温度系数；

10^{-6}/℃：温度阻值变化的比率。

PTC 热敏电阻式温度传感器，是以钛酸钡（或锶、铅）为主成分，添加少量施主（Y、Nb、Bi、Sb）、受主（Mn、Fe）元素，以及玻璃（氧化硅、氧化铝）等添加剂，经过烧结而成的半导体陶瓷。PTC 热敏电阻在居里温度 T_c 以下具有小电阻，居里温度 T_c 以上电阻阶跃性增加 1000~1000000 倍。图 2-39 为 PTC 电阻-温度关系曲线。

④ Pt 电阻式温度传感器。

薄膜 Pt 电阻式温度传感器：用真空沉积薄膜技术把铂溅射在陶瓷基片上，膜厚在

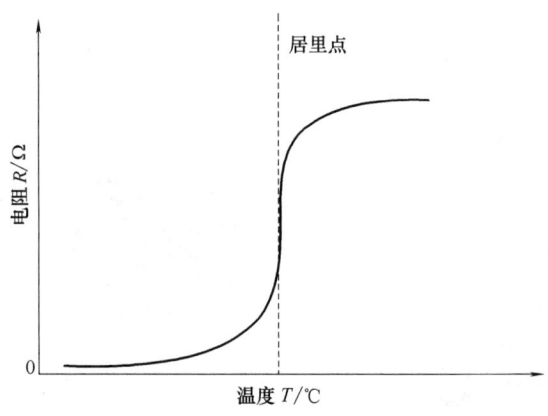

图 2-39 PTC 电阻-温度关系曲线

2μm 以内，用玻璃烧结料把 Ni（或 Pd）引线固定，经激光调阻制成薄膜元件。Pt 电阻式温度传感器利用电阻阻值在一定温度范围内随温度呈基本线性变化的原理进行温度测量，具有稳定性好、测量范围宽、精确度高、重复性好等诸多技术优势。如图 2-40 所示为 Pt 电阻电压-温度关系曲线。

感温元件骨架的材质也是决定 Pt 电阻使用温区的主要因素，常见的感温元件有陶瓷元件、玻璃元件、云母元件，由于骨架材料本身性能不同，陶瓷元件适用于 850℃ 以下温区，玻璃元件适用于 550℃ 以下温区。

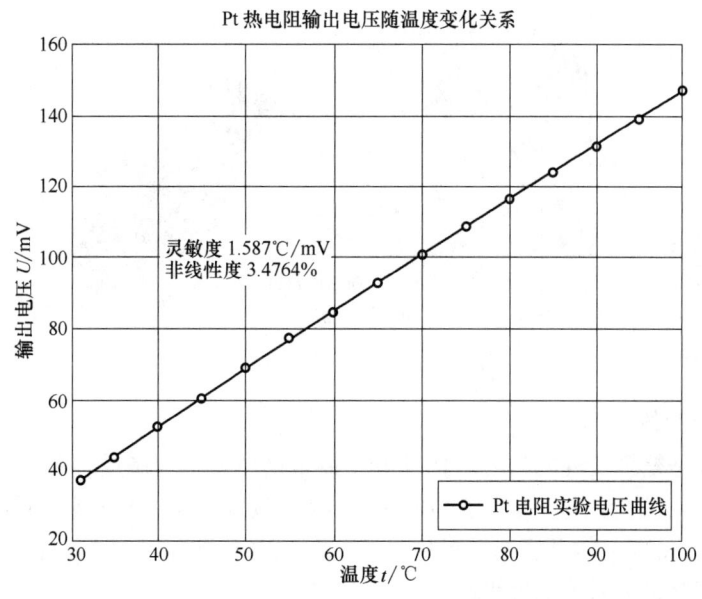

图 2-40 Pt 电阻电压-温度关系曲线

4.2.7 电子节气门

电子节气门属于背压阀的一种，蝴蝶阀是电子节气门的一种。电子节气门通过调节阀门的开度大小控制气体的压力及流量。图 2-41 为电子节气门的外观图。

电子节气门工作在常用区间时，呈线性流量特性，即通过节气门的气体流量与节气门开度成线性关系：即节气门开度增大，通过的气体流量随之增大，但同时压力减小；节气门开度减小，通过的气体流量随之减小，但同时压力增大。图 2-42 为电子节气门阀门位置。

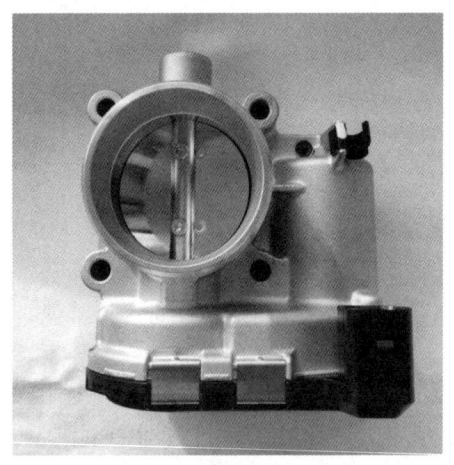

图 2-41　电子节气门

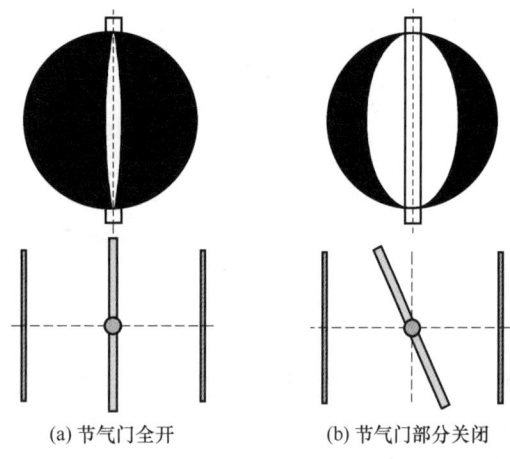

（a）节气门全开　　（b）节气门部分关闭

图 2-42　电子节气门阀门位置

燃料电池电子节气门是一种精密的控制装置，其主要部件包括节气门阀体、驱动电机、减速齿轮组和位置传感器，如图 2-43 所示。燃料电池电子节气门主要部件及功能如表 2-4 所示，以下是每个部分的详细介绍。

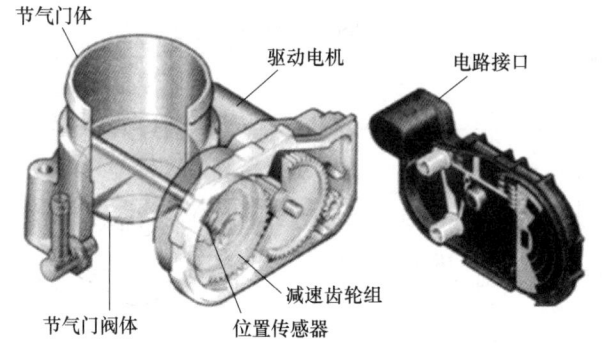

图 2-43　电子节气门结构图

（1）节气门阀体

节气门阀体是整个装置的核心结构部分，通常由金属材料制成。其主要作用是控制进入发动机的空气流量。在电子节气门中，阀体内部包含一个可以旋转的蝶形阀盘（节气门阀片），通过改变阀盘的开度来调节空气流量。阀体还包括与其他部件的连接接口，以及用于固定和支撑整个系统的外壳。

（2）驱动电机

驱动电机是用来控制节气门阀盘开闭的执行机构，通常是一个直流无刷电机或步进电机。它接收来自电子控制单元（Electronic Control Unit，ECU）的信号，驱动阀盘按需要的角度旋转。电机的快速响应和精确控制是保证节气门精度和灵敏度的重要因素。驱动电机采用具有较高响应速度、精度和频率的 12V 直流伺服电机为节气门阀片提供适当转矩，通常通过 PWM 信号控制。

（3）减速齿轮组

减速齿轮组位于驱动电机和节气门阀体之间，其主要功能是将电机的高速旋转转换为节气门阀盘所需的低速高扭矩旋转。这不仅能提高控制精度，还能保护电机，延长其使用寿命。齿轮组通常由多个不同尺寸的齿轮组成，通过相互啮合来实现减速功能。

（4）位置传感器

位置传感器用于实时监测节气门阀盘的开度位置，并将这些信息反馈给 ECU。常用的传感器包括电位计传感器和霍尔效应传感器。位置传感器确保 ECU 能够精确控制节气门的开闭程度，确保发动机的空气供给量与燃料电池的需求相匹配，从而实现最佳的燃烧效率和排放控制。

表 2-4　　燃料电池电子节气门主要部件及功能

部件名称	描述	功能
节气门阀体	由金属材料制成，包含可旋转的蝶形阀盘（节气门阀片）	控制进入发动机的空气流量，通过改变阀盘的开度来调节空气流量
驱动电机	直流无刷电机或步进电机，接收 ECU 信号，控制阀盘旋转	通过 12V 直流伺服电机提供适当转矩，精确控制节气门阀盘的开闭
减速齿轮组	驱动电机和节气门阀体之间的齿轮组，由多个不同尺寸的齿轮组成	将电机的高速旋转转换为节气门阀盘的低速高扭矩旋转，提高控制精度并延长电机寿命
位置传感器	包括电位计传感器和霍尔效应传感器，监测阀盘的开度位置	实时反馈阀盘位置给 ECU，确保精确控制空气供给量以满足燃料电池的需求

学习检查

一、单选题

1. 空气子系统在氢燃料电池汽车中的主要作用是（　　）。
   A. 提供氢气　　　　　　　　B. 提供氧气
   C. 提供电能　　　　　　　　D. 提供冷却液
2. 空气滤清器的主要功能是（　　）。
   A. 增加空气流量　　　　　　B. 减少空气中的氧气含量
   C. 去除空气中的颗粒物和污染物　　D. 提高空气压力
3. 哪一个部件主要负责将空气压缩到所需压力？（　　）
   A. 空气滤清器　　　　　　　B. 中冷器
   C. 空气压缩机　　　　　　　D. 温度传感器

二、多选题

4. 空气子系统的关键组件包括（　　）。
   A. 空气压缩机　　　　　　　B. 空气滤清器
   C. 中冷器　　　　　　　　　D. 燃料泵
5. 下列哪些因素会影响空气滤清器的性能？（　　）
   A. 滤材类型　　　　　　　　B. 压降
   C. 环境温度　　　　　　　　D. 过滤器的维护和清洁

6. 在操作和维护空气子系统时，哪些是需要注意的安全事项？（　　）
   A. 穿戴防护装备　　　　　　　B. 定期检查和更换过滤器
   C. 保持系统干燥　　　　　　　D. 随意调节空气流量

三、填空题

7. 空气子系统的主要功能是为燃料电池提供_____，以便与氢气反应产生电能。
8. 空气滤清器的两大主要要求是高_____和低_____。
9. 空气流量检测的方法通常包括使用_____传感器和_____流量计。

四、简答题

10. 解释空气滤清器在燃料电池空气子系统中的重要性及其主要类型。
11. 描述空气压缩机在空气子系统中的工作原理和关键作用。
12. 如何进行空气子系统的常规维护以确保其高效运行？列出主要步骤和注意事项。

任务 5　解析热管理子系统的原理与组成

 任务导入

热管理子系统在氢燃料电池汽车中扮演着至关重要的角色，它负责维持燃料电池在最佳工作温度范围内运行。这不仅关系到能量转换的效率，而且直接影响车辆的性能和安全。本任务将探究热管理系统的工作原理以及它如何通过调节温度来优化电池性能和延长其寿命。

任务目标

• 素质目标

培养严谨细致的工作态度，确保在操作和维护过程中不出现差错

培养团队合作精神，能够与他人协作完成热管理系统的调试和维护工作

培养分析问题的能力，能够根据现象判断故障原因并提出解决方案

• 知识目标

掌握主散热回路和辅助散热回路的工作原理，理解冷却液如何循环流动，以及如何通过散热器和风扇将热量散发到外界

了解散热模组、循环水泵、电子节温器、颗粒过滤器、去离子器和加热 PTC 等部件的功能和作用

理解温度对燃料电池性能的影响，认识到热管理子系统对维持最佳工作温度的重要性

• 技能目标

能够进行热管理子系统的日常操作和维护，例如启动和关闭系统、检查冷却液液位和温度、清洁散热器等

能够根据现象判断热管理子系统可能出现的故障，并采取相应的措施进行排除，例如检查水泵是否正常工作、更换节温器等

能够根据实际情况对热管理子系统进行优化，例如调整冷却液流速、改变散热器风量

等，以提升系统效率和性能

相关知识

5.1 热管理子系统工作原理

图2-44展示了燃料电池热管理结构。燃料电池热管理通过主散热回路和辅助散热回路的协同工作，确保系统在最佳温度范围内运行。主散热回路负责从燃料电池堆中移除大部分热量，冷却液吸收热量后通过散热器释放热量到外界，维持燃料电池堆的高效和稳定运行。辅助散热回路则用于调节其他部件的温度或在特殊情况下辅助主散热回路，确保整个系统的热平衡，从而保障燃料电池系统的高效性和安全性。

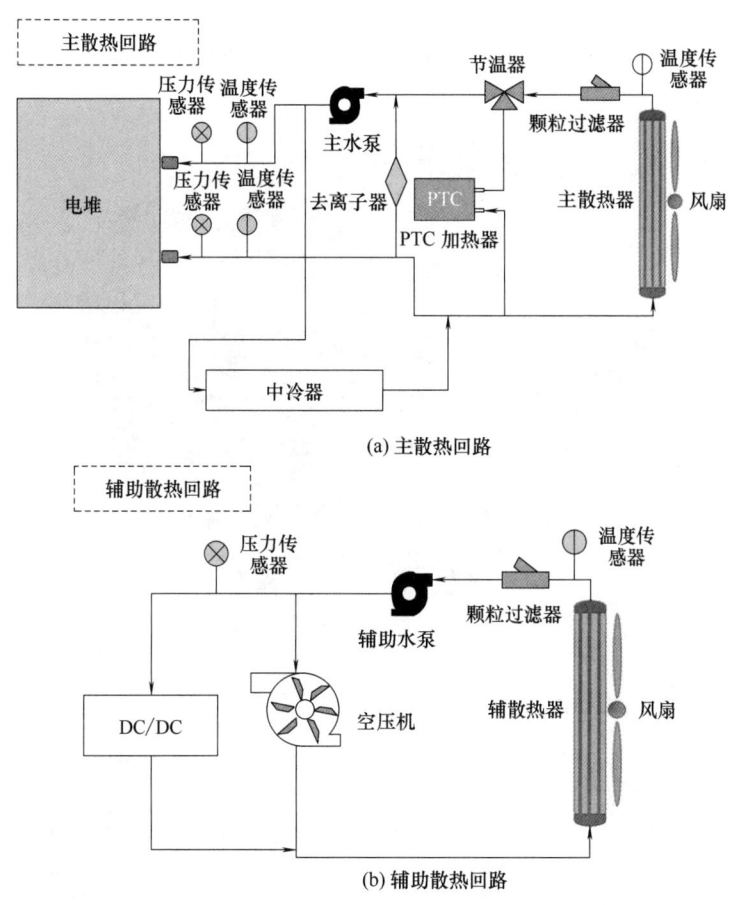

图2-44 燃料电池热管理结构

5.2 热管理子系统的组成

5.2.1 散热模组

散热器顾名思义就是用来散热的，它的作用是将冷却液的热量传递给环境，降低冷却液的温度，将燃料电池堆产生的热量带走。散热器通过和环境的温差来进行散热，散热器本体需要散热量大、清洁度高、离子释放率低，散热器的风扇要求风量大、噪声低、无级调

速，并需要反馈相应的运行状态。图2-45展示了散热器的外观。

5.2.2 循环水泵

循环水泵是氢燃料电池热管理系统的核心，它给系统冷却液做功，使冷却液循环。一旦电堆热到其本身温度阈值，冷却水泵就加大冷却液的流速来给电堆降温。为了保证电堆产生的热量能够快速、有效地散发，水泵需要具备大流量、高扬程、绝缘及更高的电磁兼容（Electromagnetic Compatibility, EMC）能力。此外，水泵还需要实时反馈当前的运行状态或故障状态。图2-46展示了循环水泵的外观，图2-47展示了循环水泵性能曲线。

图2-45　散热器

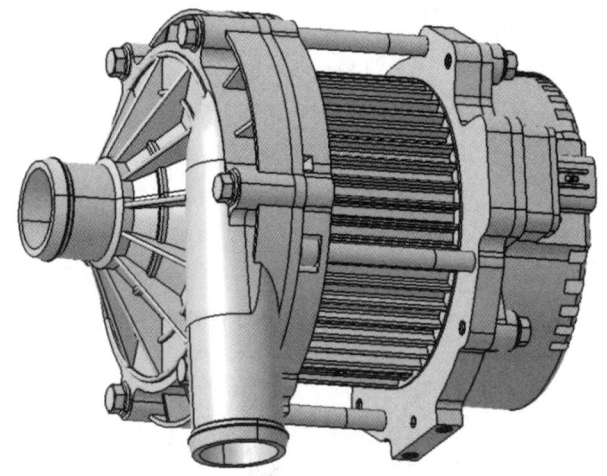

图2-46　循环水泵

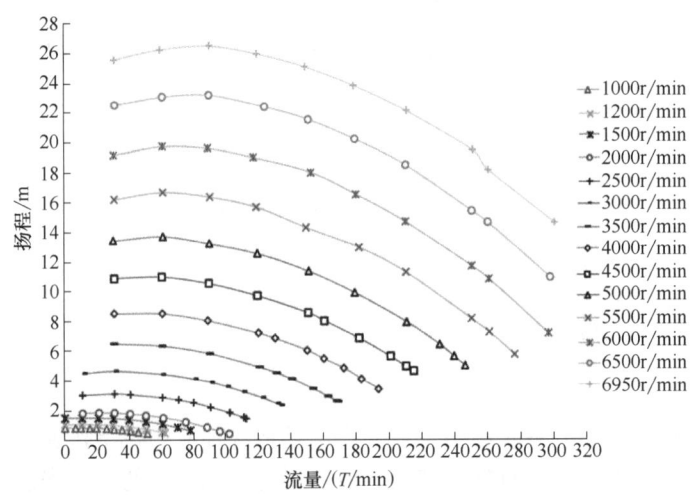

图2-47　循环水泵性能曲线

5.2.3 电子节温器

电子节温器用来控制冷却系统的大小循环。当冷却液温度较低时，为尽快达到系统所需温度，节温器控制冷却液的流向，使得冷却液不经过外部散热器及风扇，形成冷却液的小循环流向。当冷却液温度不断升高，超出系统所需求的合适温度时，节温器会慢慢打开，使部分冷却液流过外部散热器进行散热，从而降低冷却液温度。当散热需求很大时，节温器全部打开，所有冷却液都通过外部散热器，此时冷却液的流向称为大循环。

电子节温器由电机执行结构、阀体、进出口及壳体组成。燃料电池系统对节温器的要求是响应速度快、内部泄漏量低、带位置反馈信息（电子节温器）。图2-48展示了电子节温器的外观。

5.2.4 颗粒过滤器

氢燃料电池汽车的颗粒过滤器是一种专门设计用来清除燃料电池排放中可能含有的固体颗粒或污染物的装置。尽管氢燃料电池的主要反应产物是水和热量，理论上其排放相对更加清洁，但在实际的运行过程中，系统可能会产生微量的杂质或颗粒物，这些来自不纯净的燃料、系统的磨损或其他化学反应副产物。图2-49展示了颗粒过滤器的外观。

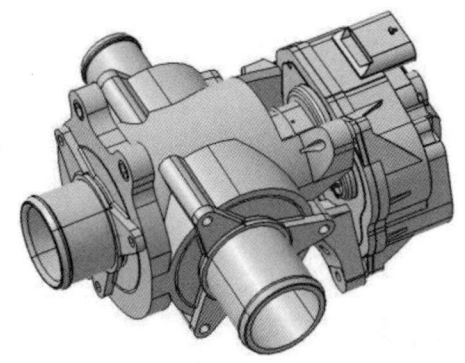

图2-48 电子节温器

图2-49 颗粒过滤器

5.2.5 去离子器

氢燃料电池运行过程中，冷却液的离子含量会增高，使其电导率增大，系统绝缘性降低，去离子器就是用来应对这种现象。通过吸收热管理系统中零部件释放的阴阳离子，去离子器降低了冷却液的电导率，使系统处于较高的绝缘水平。

去离子器由壳体、滤网、树脂及进出口管组成。它的要求是离子交换量大、吸收离子速率快，同时成本低。图2-50展示了去离子器的外观。

5.2.6 加热PTC

在环境温度较低的情况下，燃料电池面临低温挑战。加热PTC是电堆在低温冷启动时给冷却液辅助加热的，使冷却液尽快达到需要的温度，缩短燃料电池系统冷启动时间。加热PTC由加热芯体、控制板及壳

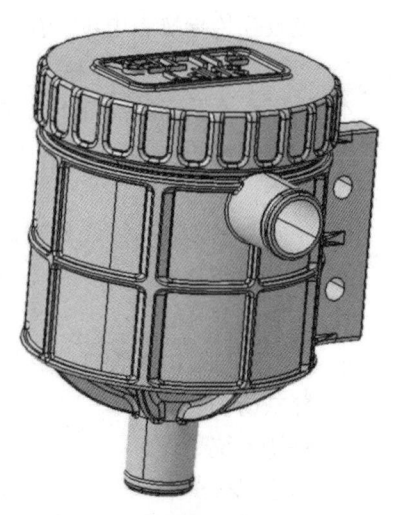

图2-50 去离子器

体组成，其要求是响应快、功率稳定。图 2-51 展示了加热 PTC 的外观。

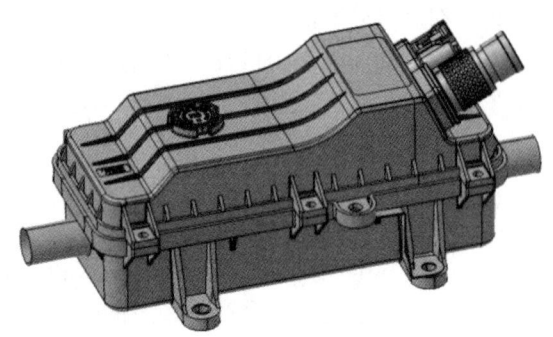

图 2-51　加热 PTC

 学习检查

一、单选题

1. 热管理子系统在氢燃料电池汽车中的主要作用是（　　）。
   A. 提供氢气　　　　　　　　　　B. 提供氧气
   C. 维持燃料电池的最佳工作温度　　D. 提供电能
2. 哪个组件主要负责燃料电池的散热？（　　）
   A. 空气滤清器　　　　　　　　　B. 热交换器
   C. 空气压缩机　　　　　　　　　D. 温度传感器
3. 冷却液在热管理子系统中的主要功能是（　　）。
   A. 提高燃料电池的温度　　　　　B. 减少空气中的氧气含量
   C. 吸收和传导燃料电池产生的热量　D. 增加空气流量

二、多选题

4. 热管理子系统的关键组件包括（　　）。
   A. 空气压缩机　　　　　　　　　B. 散热器
   C. 热交换器　　　　　　　　　　D. 冷却液泵
5. 下列哪些因素会影响热管理子系统的性能？（　　）
   A. 冷却液类型　　　　　　　　　B. 压降
   C. 环境温度　　　　　　　　　　D. 热交换器的维护和清洁
6. 在操作和维护热管理子系统时，哪些是需要注意的安全事项？（　　）
   A. 穿戴防护装备　　　　　　　　B. 定期检查和更换冷却液
   C. 保持系统干燥　　　　　　　　D. 避免过度调节温度

三、填空题

7. 热管理子系统的主要功能是通过_____和_____来维持燃料电池的最佳

工作温度。

8. 热管理子系统的两大主要要求是高_____和高_____。

9. 温度检测的方法通常包括使用_____传感器和_____计。

四、简答题

10. 解释热管理子系统在燃料电池中的重要性及其主要类型。

11. 描述冷却液泵在热管理子系统中的工作原理和关键作用。

12. 如何进行热管理子系统的常规维护以确保其高效运行？列出主要步骤和注意事项。

任务6　解析功率调节系统的原理与组成

任务导入

功率调节系统在氢燃料电池汽车中发挥着核心作用，它负责协调和管理车辆的动力输出。这个系统确保电池和电机的高效配合，无论是在平稳驾驶还是在加速过程中都能保证恰当的功率供给。本任务学习功率调节系统如何通过转换器来实现这一目标。

任务目标

• **素质目标**

增强分析问题和解决问题的能力

提升对新技术应用的关注，与时俱进

• **知识目标**

掌握功率调节系统的工作原理，理解DC/DC转换器如何实现燃料电池输出电压与汽车驱动需求的匹配

了解DC/DC转换器的组成结构，包括主电路和控制电路的主要元器件及其功能

熟悉DC/DC转换器的控制方式，理解输入预充、启动、放电、停机等控制逻辑，以及不同控制模式的选择

• **技能目标**

能够分析燃料电池输出特性，判断是否需要引入DC/DC转换器进行功率调节

能够根据实际需求选择合适的DC/DC转换器拓扑结构，如交错并联Boost变换器或双Boost电路

能够根据控制逻辑图，分析DC/DC转换器的启动、运行和停机过程，并解释不同控制模式的作用

相关知识

6.1　功率调节系统工作原理

DC/DC转换器是燃料电池电源系统中的重要组成。燃料电池的输出特性偏软，输出

电压随输出电流增大而减小，下降斜率比一般电池要快，呈非线性变化。由于车辆需求功率波动较大，燃料电池输出功率容易出现短期变动较大的情况，会降低燃料电池的寿命。为了解决上述问题，需要在燃料电池与汽车驱动之间加入 DC/DC 转换器。DC/DC 转换器可以实现燃料电池与母线电压的匹配，提供稳定、可控的直流电源，改善燃料电池的耐久性。

一种常见的燃料电池动力系统结构如图 2-52 所示，单向 DC/DC 转换器的输入端与燃料电池的输出端相连，DC/DC 转换器的输出端与蓄电池组或超级电容并联，并与电机控制器相连。

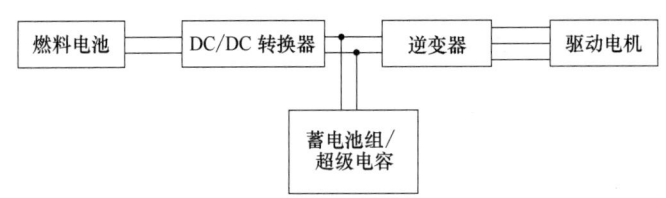

图 2-52　常见的燃料电池动力系统结构

6.2　功率调节系统的组成

图 2-53 为 DC/DC 转换器电路结构图。DC/DC 转换器输入端 IN+ 包含两个继电器，分别为输入预充继电器与输入主机电器，继电器逻辑为：

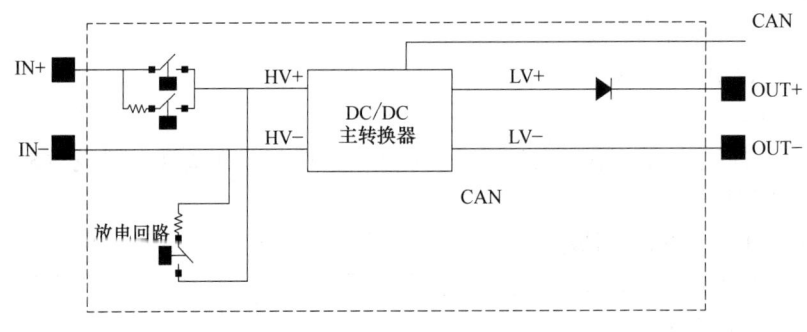

图 2-53　DC/DC 转换器电路结构图

① 输入预充使能。输入预充继电器开，输入主继电器开，输入预充继电器关；如果失败则预充报错。

② 启动—放电—停机或者启动—停机。

③ 关输入继电器。

DC/DC 转换器由主电路及控制电路组成。主电路主要包括电感、电容、功率开关器件和二极管等元器件，控制电路主要由数字信号处理器（DSP）、采样电路、驱动电路等组成。DC/DC 转换器通过控制主电路里的开关器件的占空比来调节燃料电池的输出功率。现在，燃料电池的单体电流密度不断提高，达到相同的输出功率只需要更少的单体数，但燃料电池的输出电压也会随之减小。同时，大功率的汽车动力系统意味着需要大功率的驱动电机系统，要求电机有更高的输入电压。在这两种情况下，需要 DC/DC 转换器提高输出电压，增大升压比。

Boost 转换器是 DC/DC 转换器中的一种，用于将输入电压升高到所需的输出电压。Boost 转换器的升压比理论上能达到无限大，但实际上在高升压比的情况下，非线性现象明显，容易造成控制稳定性下降的问题，也会降低效率。传统的 Boost 转换器难以达到高升压比的要求。因此，需要选择合适的转换器拓扑结构。

交错并联 Boost 转换器电路结构是由多个单路 Boost 并联组成，多路共用一个输入电源以及一个输出负载，并且各路 Boost 的功率开关管单独导通。

交错并联 Boost 转换器拓扑具有多个相同的支路，可以对输入的电流进行分流，降低对功率器件的要求，使元器件的选型更为容易，特别是减少了转换器中重量和体积占比最大的元器件——电感的体积和重量。多个开关管依次交错导通，在不增加开关频率的同时提高了总电流频率，且各路电感电流相互交错叠加，减小了输入电流纹波。通过减小输入电流纹波，燃料电池的寿命也可以得到延长。

采用交错并联 Boost 转换器拓扑，可以增加输出功率等级，降低整个电路的体积和成本。所以，交错式 Boost 转换器拓扑比传统的 Boost 结构更适合应用于大电流、大功率的场景。

为提高 DC/DC 转换器的升压比，将接地型 Boost 电路和浮地型 Boost 电路相连接，即双 Boost 电路。双 Boost 电路可以和交错并联技术同时使用。双 Boost 电路的两部分电路对称分布，因此交错开关的支路数只能取偶数。

图 2-54 所示为四相交错并联双 Boost 电路结构。

四相交错并联双 Boost 电路结构双 Boost 拓扑可以提高升压比，交错并联技术使得输入电流纹波减小，不提高开关频率的同时提高电流纹波频率，降低元器件选型的电流和电压额定值。因此，交错并联双 Boost 拓扑能够同时实现高升压比、低纹波、小体积、高效率。

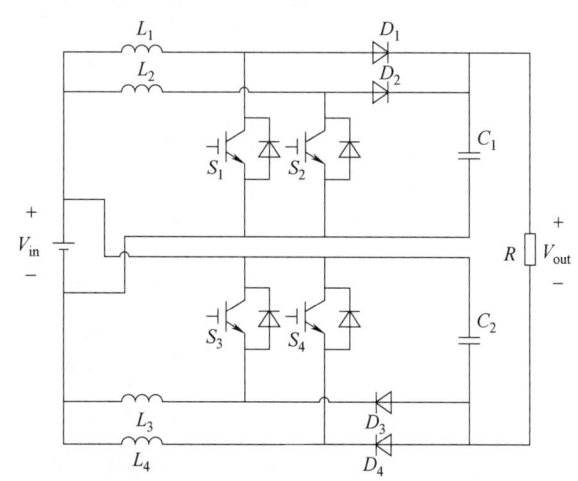

图 2-54　四相交错并联双 Boost 电路结构

DC/DC 转换器系统控制具体介绍如表 2-5 所示。

表 2-5　DC/DC 转换器系统控制

DC/DC 转换器系统启停控制	0×0:停止;0×1:启动;0×2:放电;0×3:故障清除
控制模式选择	0×0:输入恒流输出限压;0×1:输入恒流;0×2:输出恒压;0×f:电子负载测试模式(输入恒流输出限压)
输入预充使能	0×00:输入预充不使能;0×01:输入预充使能

DC/DC 转换器系统控制逻辑如图 2-55 所示。

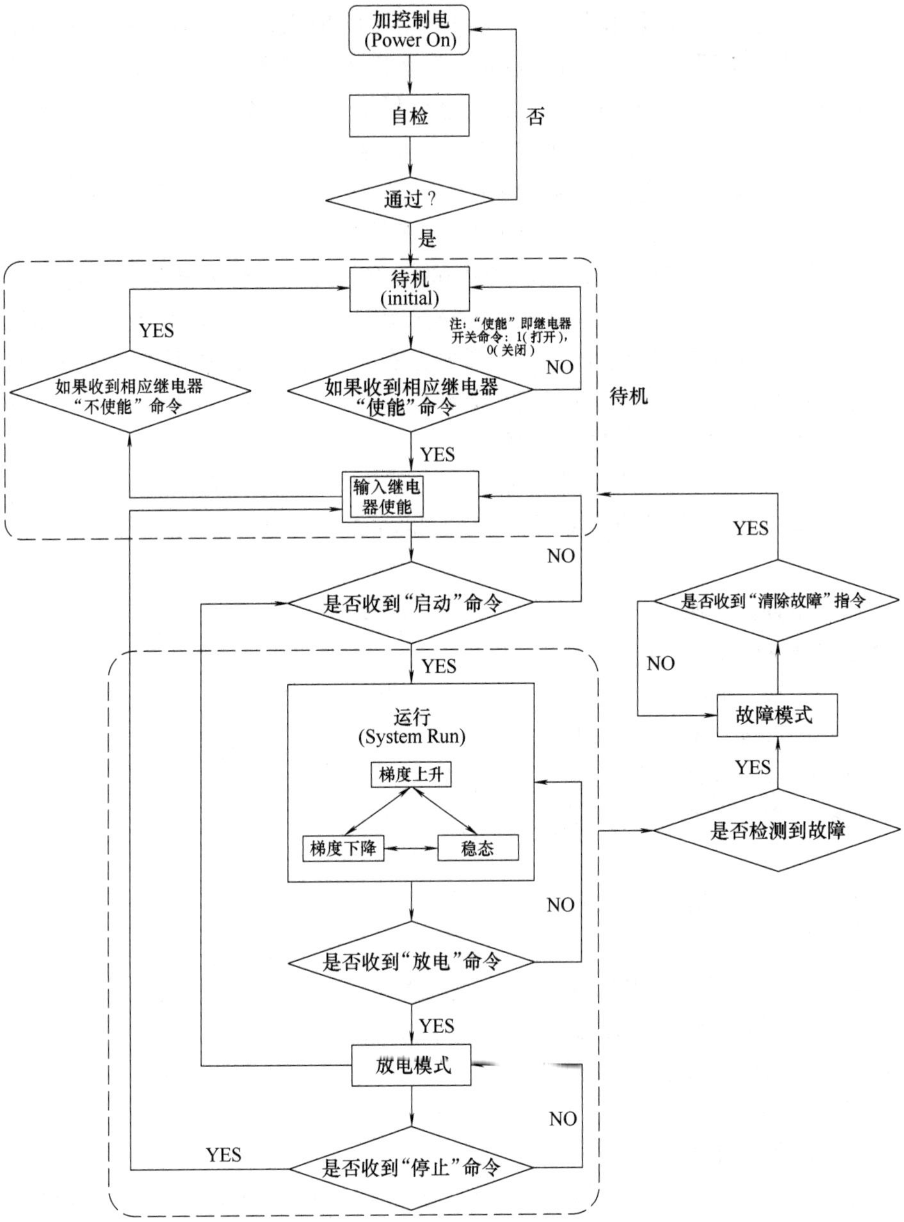

图 2-55 DC/DC 转换器系统控制逻辑

学习检查

一、单选题

1. 功率调节系统的主要作用是（　　）。

   A. 供应氢气　　　　　　　　　　　　B. 提供电能

   C. 管理车辆动力输出　　　　　　　　D. 控制车辆温度

2. 在功率调节系统中，负责将直流电转换为交流电的组件是（　　）。

A. DC/DC 转换器   B. 逆变器
C. ECU   D. 电池管理系统

3. 电子控制单元（ECU）在功率调节系统中的主要功能是（　　）。
　A. 储存电能   B. 管理氢气流量
　C. 控制和协调功率输出   D. 提供冷却

二、多选题

4. 功率调节系统的关键组成部分包括（　　）。
　A. 逆变器   B. 冷却系统
　C. DC/DC 转换器   D. 电子控制单元（ECU）

5. 下列哪些情况会影响功率调节系统的性能？（　　）
　A. 逆变器故障   B. DC/DC 转换器效率低
　C. 冷却液不足   D. 电池电量低

6. 在操作和维护功率调节系统时，哪些是需要注意的安全事项？（　　）
　A. 穿戴防护装备   B. 避免直接接触高压部件
　C. 定期检查和维护系统组件   D. 任意更改系统参数

三、填空题

7. 功率调节系统通过_____和_____实现对汽车动力的精准控制。
8. 电子控制单元（ECU）的主要功能是_____和_____功率输出。
9. 在不同驾驶状态下，功率调节系统通过调整_____来满足车辆的动力需求。

四、简答题

10. 解释功率调节系统在氢燃料电池汽车中的重要性及其主要组成部分。
11. 描述逆变器在功率调节系统中的工作原理和关键作用。
12. 如何进行功率调节系统的常规维护以确保其高效运行？列出主要步骤和注意事项。

实训：氢燃料电池汽车动力系统拆装与调试

所需课时：8 课时
实施形式：分组实训，每组 3~6 人
实训地点：××实训室
指导教师：1~2 人

1. 实训目的及要求
（1）熟悉：氢燃料电池小车
（2）掌握：氢燃料电池小车重要零部件拆装方法

2. 实训设备及工具
（1）设备：氢燃料电池小车
（2）工具：常用工具箱 1 套、橡胶手套 1 套

3. 实训内容

(1) 氢燃料电池小车的工作原理

(2) 氢燃料电池小车重要零部件拆装与调试

4. 实训操作个人防护

(1) 带电工作时需穿戴橡胶绝缘手套、安全帽、劳动保护鞋、护目镜等进行操作

(2) 使用工具需规范操作，禁止随意摆放

(3) 台架拆装测试需先断电操作

(4) 使用设备前仔细阅读说明书注意事项

(5) 拆装测试前使用万用表测量设备是否带电

5. 实训操作及步骤

(1) 氢气子系统重要零部件拆装，主要有高压储氢瓶、引射器、氢气循环泵、排氢模块等零部件

① 高压储氢瓶拆装步骤如表2-6所示。

表 2-6　　　　　　　　　　　　　　高压储氢瓶拆装步骤

步骤	图片示例
拆卸： a. 先检查储氢瓶瓶口阀开关旋钮，确保完全关闭； b. 拧掉储氢瓶前端氢瓶压力传感器的线路接插件； c. 按图所示箭头方向按压瓶口阀氢气管接口卡扣，即可拔出氢气软管； d. 使用10mm扳手去掉固定钢条两边下方的固定螺丝，即可拆卸储氢瓶； e. 拆掉储氢瓶后，需将拆下的储氢瓶放置在专用台架上，并禁止倾斜； f. 使用4mm内六角扳手拧掉固定螺丝，即可拆卸储氢瓶的放置支架。 安装： a. 安装前需先检测储氢瓶外观是否有破损、生锈、开关旋钮松动等现象； b. 固定牢固储氢瓶支架的固定螺丝； c. 将储氢瓶平稳放置在固定支架上，使用固定抱箍条进行加固； d. 将氢气管路插入充气口，有明显顿感即证明已完全卡住； e. 拧紧氢压传感器线路接口螺丝	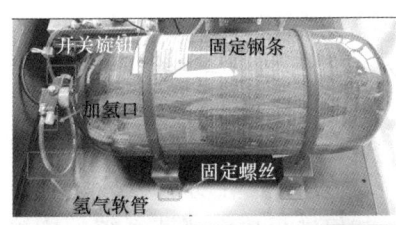 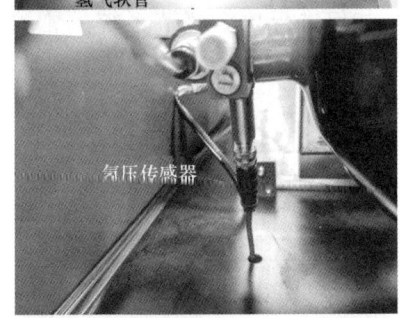 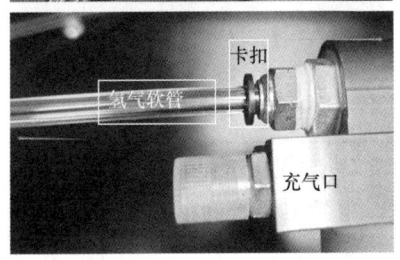

② 引射器拆装步骤如表2-7所示。

表 2-7　　　　　　　　　　　　　引射器拆装步骤

步骤	图片示例
拆卸： a. 如图所示，观察引射器上各个零部件的线路接插件样式，去掉线路接插件； （注意：比例阀线路拆卸需要使用十字螺丝刀拧掉侧面螺丝后拔掉线路即可） b. 拔掉引射器两端氢气管路，往里按压金属卡扣圈的同时即可往外拔出氢气软管； （注意：由于金属氢气管路对于拆卸安装有一定要求，如非必要禁止拆卸或弯曲金属氢气管路） c. 如图所示，拆除引射器下方氢气管路的三通宝塔接头上的固定卡扣及连接气管； d. 使用合适的扳手拧掉引射器上的四颗固定螺丝； e. 拆除安装支架，在支架下方拧掉四周固定螺丝即可。 安装： a. 安装前需先检查外观是否正常，然后安装支架底部四周的固定螺丝； b. 确认引射器各个零部件的线路接插件安装方式，安装在其相应的接口处； c. 安装引射器下方的金属排气管至 T 型三通宝塔接头的固定卡箍； d. 安装引射器前后两侧的氢气软管，安装到氢气软路感觉到有明显的顿感后即可	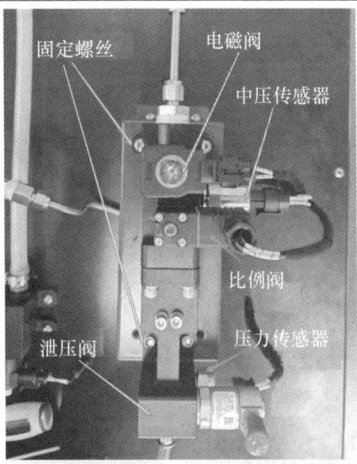 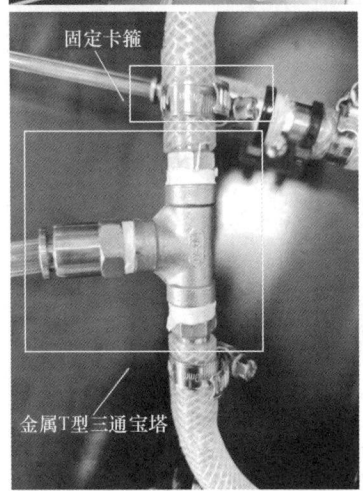

③ 氢气循环泵拆装步骤如表 2-8 所示。

表 2-8　　　　　　　　　　　　氢气循环泵拆装步骤

步骤	图片示例
拆卸： a. 拔掉氢气循环泵左侧线路接插件； b. 使用 14mm 扳手拧掉金属氢管末端的衔接螺丝，注意不要弯曲金属氢管； c. 使用 19mm 扳手拧掉氢气软管末端的衔接螺丝； d. 去掉氢气循环泵侧面的贯穿固定螺丝即可。 安装： a. 安装氢气循环泵右侧的贯穿固定螺丝； b. 使用合适扳手分别安装金属氢管及氢气软管的衔接螺母； c. 安装氢气左侧的线路接插件即可	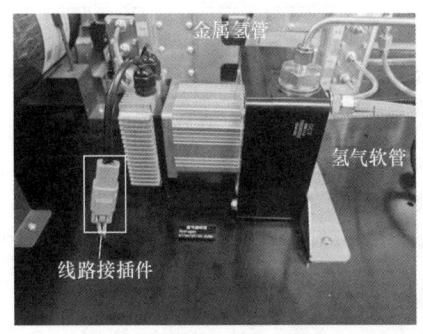

④ 排氢模块拆装步骤如表 2-9 所示。

表 2-9　　　　　　　　　　排氢模块拆装步骤

步骤	图片示例
拆卸： a. 如图所示，拆掉排氢模块上的两个线路接插件； b. 使用螺丝刀松掉三条气管上的固定卡箍； c. 使用螺丝刀去掉排氢模块四周的固定螺丝即可。 安装： a. 安装排氢模块周围的固定螺丝； b. 为了安装方便，优先将卡箍套入需要安装的管口； c. 确认线路接插件类型，扣紧接插件	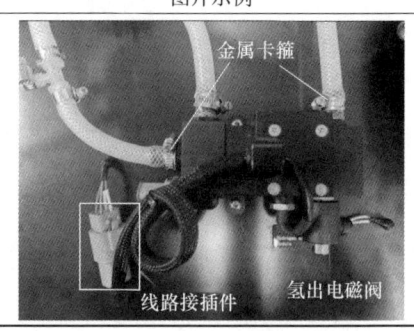

（2）空气子系统重要零部件拆装，主要有空气滤清器、空气质量流量计、空气压缩机、中冷器、增湿器、电子节气门等零部件

① 空气滤清器拆装步骤如表 2-10 所示。

表 2-10　　　　　　　　　　空气滤清器拆装步骤

步骤	图片示例
拆卸： a. 松开两边固定卡扣； b. 向下取出底盖； c. 使用螺丝刀拧掉固定螺丝； d. 向上取出过滤器。 安装： a. 底盖垂直盖好过滤器； b. 扣紧卡扣； c. 使用螺丝刀拧紧固定螺丝	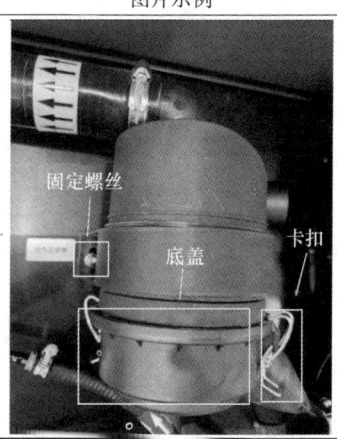

② 空气质量流量计拆装步骤如表 2-11 所示。

表 2-11　　　　　　　　　　空气质量流量计拆装步骤

步骤	图片示例
拆卸： a. 使用十字螺丝拧掉流量计进出气管道接口固定卡箍，拔出进出气管道； b. 用手按住接插件防呆接口后拔出接插件。 安装： a. 空气路管道插入质量流量计接口，用螺丝刀拧紧管道接口固定卡箍； b. 插入流量计接插件	

③ 空气压缩机拆装步骤如表 2-12 所示。

表 2-12　　　　　空气压缩机拆装步骤

步骤	图片示例
拆卸： a. 按住三相供电接插件，拔出三相供电接插件； b. 用螺丝刀拧掉固定进出气口和水管管道卡箍后向外拔出管道； c. 使用内六角扳手拧掉空压机固定螺丝，取出空压机。 安装： a. 空压机对准螺丝孔位，使用内六角扳手拧紧固定螺丝； b. 安装空压机进出气口和水管管道，使用螺丝刀拧紧； c. 插入三相供电接插件	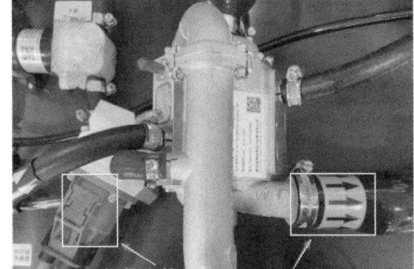

④ 中冷器拆装步骤如表 2-13 所示。

表 2-13　　　　　中冷器拆装步骤

步骤	图片示例
拆卸： a. 使用扳手拧掉空气路和水路管道固定卡箍，拔出管道； b. 使用合适的内六角扳手扭掉中冷器固定螺丝，取出中冷器。 安装： a. 中冷器对准螺丝孔位，用内六角扳手拧紧固定螺丝； b. 将进出气管道插进中冷器进出气口，使用螺丝刀拧紧固定卡箍	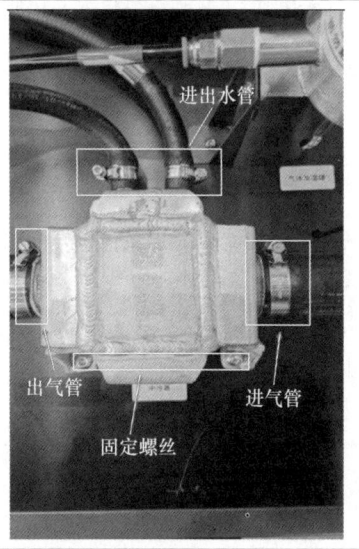

⑤ 增湿器拆装步骤如表 2-14 所示。

表 2-14　　　　　增湿器拆装步骤

步骤	图片示例
拆卸： a. 使用螺丝刀拧掉进出空气管道固定卡箍，拔出管道； b. 用内六角扳手拧掉固定螺丝。 安装： a. 将节气门对准螺丝孔位，使用螺丝刀拧紧固定螺丝； b. 进出气管道对准加湿器进出气口插入，使用螺丝刀拧紧管道卡箍； c. 把增湿器接插件插入接插件接口	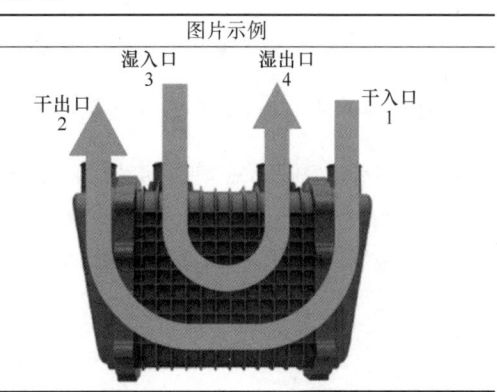

⑥ 电子节气门拆装步骤如表2-15所示。

表2-15　　　　　　　　　　电子节气门拆装步骤

步骤	图片示例
拆卸： a. 使用螺丝刀拧掉节气门进出气管道接口固定卡箍，拔出进出气管道； b. 用手按住接插件接口后拔出接插件； c. 使用螺丝刀拧掉节气门固定螺丝，取出节气门。 安装： a. 将节气门对准固定螺丝孔位，使用螺丝刀拧紧固定螺丝； b. 将接插件插入节气门接插件口； c. 进出气管道对准节气门进出气口插入，使用螺丝刀拧紧螺丝固定管道	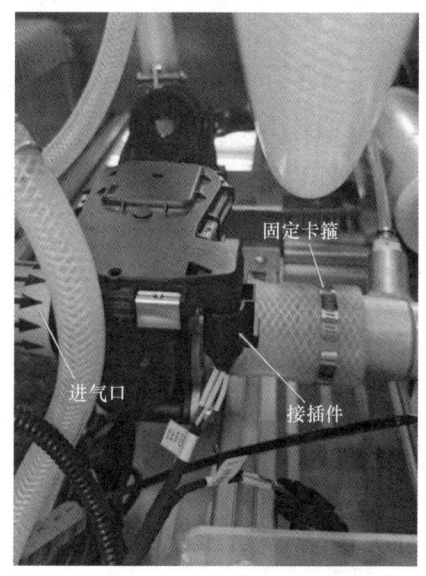

（3）热管理子系统重要零部件拆装，主要有散热风扇、水箱、循环水泵、电子节温器、去离子器等零部件

① 散热风扇拆装步骤如表2-16所示。

表2-16　　　　　　　　　　散热风扇拆装步骤

步骤	图片示例
拆卸： a. 使用螺丝刀拧掉固定水管卡箍，向外拔出进出水管； b. 使用内六角扳手将固定螺丝拧掉，取出散热风扇。 安装： a. 将散热风扇对准固定螺丝孔位，使用内六角扳手拧紧固定螺丝； b. 将进出水管道插进散热风扇进出水口，使用螺丝刀拧紧固定卡箍	

② 水箱拆装步骤如表 2-17 所示。

表 2-17　　　　　　　　　　水箱拆装步骤

步骤	图片示例
拆卸： a. 如图所示，找到子系统台架最低的三通阀，连接水管进行放水； （注意：放水时需要打开水泵增加水压以及调整节温器角度放掉小循环管路中的存水） b. 如图所示，使用一字螺丝刀松掉水箱出水口的连接水管卡箍； c. 使用 4mm 内六角扳手去掉补水箱安装支架周围的固定螺丝。 （注意：水箱存放过程中需要盖紧水盖，避免有较大颗粒物进入水箱，损坏器件） 安装： a. 安装补水箱前检查水箱内部是否存在颗粒物杂质，若有，则使用纯水冲洗干净，防止堵塞其他零部件； b. 为了便于安装，建议优先安装水箱中的水管，使用一字螺丝刀拧紧固定卡箍； c. 使用 4mm 内六角扳手将补水箱用固定螺丝安装在固定支架上即可	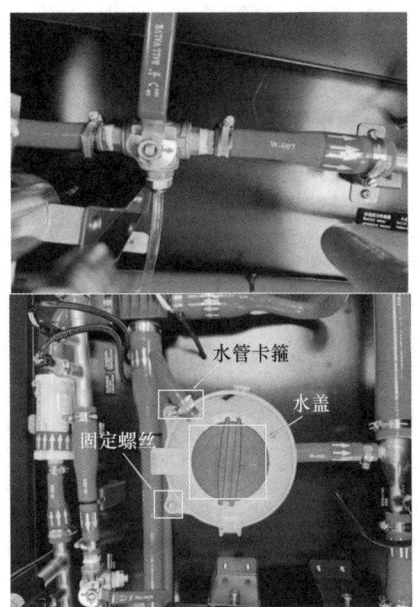

③ 循环水泵拆装步骤如表 2-18 所示。

表 2-18　　　　　　　　　　循环水泵拆装步骤

步骤	图片示例
拆卸： a. 观察接插件类型，确定接插件接头的拆装方式； b. 使用一字螺丝刀拧掉水泵两端的水管卡箍； c. 使用 4mm 内六角扳手拧掉水泵上的两个固定螺丝； d. 拆卸卡箍后注意水管内部残留的水，防止接插件进水。 安装： a. 安装前观察水泵安装方向以及外观是否正常； b. 安装水泵时建议优先安装两端的水管； c. 使用内六角扳手安装水泵的两颗固定螺丝； d. 再安装水泵上的固定卡箍，确定牢固后即可安装供电接插件	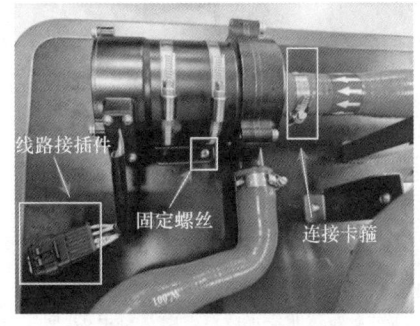

④ 电子节温器拆装步骤如表 2-19 所示。

表 2-19　　　　　　　　　　电子节温器拆装步骤

步骤	图片示例
拆卸： a. 如图所示，拧掉节温器上的线路接插件； b. 松掉节温器连接水管上的固定卡箍，拔掉节温器上的三根连接水管； c. 使用内六角扳手去掉节温器侧边的固定螺丝。 安装： a. 观察节温器外观是否有破损； b. 安装连接水管至节温器中的相应接口处，使用一字螺丝刀拧紧固定卡箍； c. 使用固定螺丝把节温器安装在台架底板相应孔缩回上行； d. 安装对应的线路接插件即可	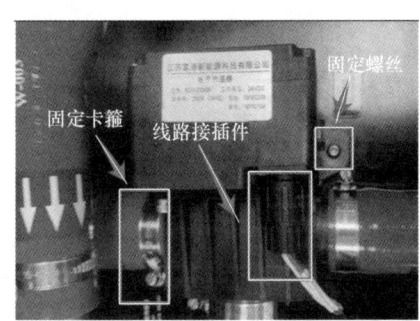

⑤ 去离子器拆装步骤如表 2-20 所示。

表 2-20　　　　　　　　　　去离子器拆装步骤

步骤	图片示例
拆卸： a. 如图所示使用一字螺丝刀松掉去离子器前后端的卡箍； b. 拔掉左右两边的连接水管； c. 去离子器从支架上拿掉即可。 安装： a. 安装前观察去离子器外观是否有破损现象； b. 连接左右两边的通水水管； c. 离子器卡到安装支架上； d. 使用一字螺丝刀拧紧卡箍	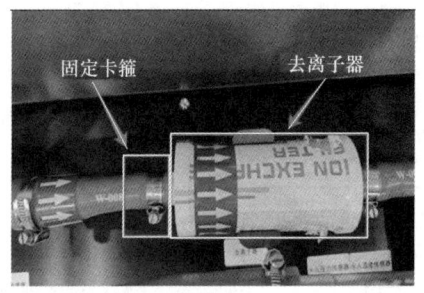

（4）功率调节系统重要零部件拆装，主要有 DC/DC、锂电池等零部件

① DC/DC 拆装步骤如表 2-21 所示。

表 2-21　　　　　　　　　　DC/DC 拆装步骤

步骤	图片示例
拆卸： a. 逆时针旋转扭掉 DC/DC 接插件； b. 逆时针旋转扭掉四根 DC/DC 供电线； c. 使用螺丝刀扭掉四个角固定螺丝。 （注：拆卸供电线时停机断电、戴上绝缘手套进行操作） 安装： a. DC/DC 对准螺丝孔位，使用螺丝刀扭紧螺丝； b. 顺时针旋转扭紧供电线，OUT+接继电器，OUT-接锂电池负，IN+接电堆正，IN-接电堆负； c. 顺时针旋转扭紧 DC/DC 接插件； （注：接供电线时要关闭急停，戴好绝缘手套）	

② 锂电池拆装步骤如表 2-22 所示。

表 2-22　　　　　　　　　　　锂电池拆装步骤

步骤	图片示例
拆卸： a. 使用螺丝刀拆卸供电线，先拆负极再拆正极，红正黑负； b. 逆时针旋转拧掉中间蓝色通信线； c. 用扳手拧掉锂电瓶上面固定螺丝。 （注：拆供电线时需要先关闭电源，穿戴绝缘手套进行操作） 安装： a. 电瓶对准螺丝孔位，使用扳手拧紧螺丝固定电瓶； b. 使用螺丝刀连接供电线，先接正极再接负极，红正黑负； c. 通信线对准孔位，顺时针旋转拧紧蓝色通信线。 （注：安装供电线时停机断电，穿戴上绝缘手套进行操作）	（负极、通讯接口、正极）

（5）软件介绍

① 整体结构。

a. 故障诊断及标定软件包含工控机、显示器硬件和诊断标定上位机；

b. 通过 USBCAN 工具连接工控机和燃料电池发动机的通信控制器局域网（Controller Area Network，CAN）接口，进行数据读取和写入，完成信息交互；

c. 可显示氢燃料电池发动机静、动态过程各个子系统参数性能；

d. 可完成子系统控制参数更改优化，完成软件参数标定。

② 故障诊断标定上位机概述。

MeCa 是通用的 ECU 测量与标定工具，可以实时采集和显示 ECU 内部数据，同时对 ECU 内部参数进行在线调整。此外，MeCa 还提供自动测量与标定功能、ECU 程序刷写与升级功能等。MeCa 通过 CAN 总线实现上下位机之间的通信，支持基于 CAN 的标定协议 CCP。MeCa 提供了全图形化的用户界面与种类丰富的图形控件，可以进行多种样式的测量数据显示与标定参数调整（图 2-56）。

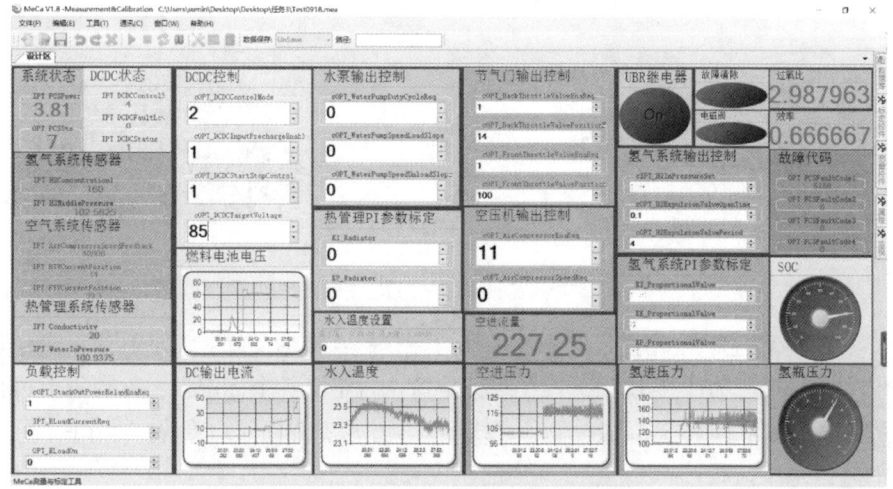

图 2-56　MeCa 测量与标定软件界面

③ 基本功能。

a. ECU 内部数据采集和监控

提供燃料电池系统内部压力、温度、电压、电流等曲线显示、数字显示等一系列图形控件，可以方便地观察 ECU 内部数据的变化。

b. ECU 实时标定

提供开关、数字输入等标定控件，可访问和修改 RAM、Flash 数据，并实时在线标定空气系统、氢气系统、热管理系统等。

c. ECU 刷写

一键式完成 ECU 代码刷写和更新，通过握手程序保证代码刷写准确性，刷写方便迅捷。

④ 主要特点。

数据测量与参数标定同步进行；软件设计简洁，使用方便；提供种类丰富的图形控件，方便观察与修改；可导出通用格式的测量文件；自动测量与标定并生成结果文档；ECU 程序刷写与升级。

⑤ 测量标定系统。

MeCa 软件支持基于 CAN 总线的 CCP 标定协议，支持汽车级专业 CAN 通信接口硬件；支持导入标准的 A2L 文件。MeCa 通过 CAN 适配器来与 ECU 进行通信，并基于 CCP 协议及对应的 A2L 文件实现对 ECU 内部变量进行测量标定，从而控制传感器的采集和执行器的执行（图 2-57）。

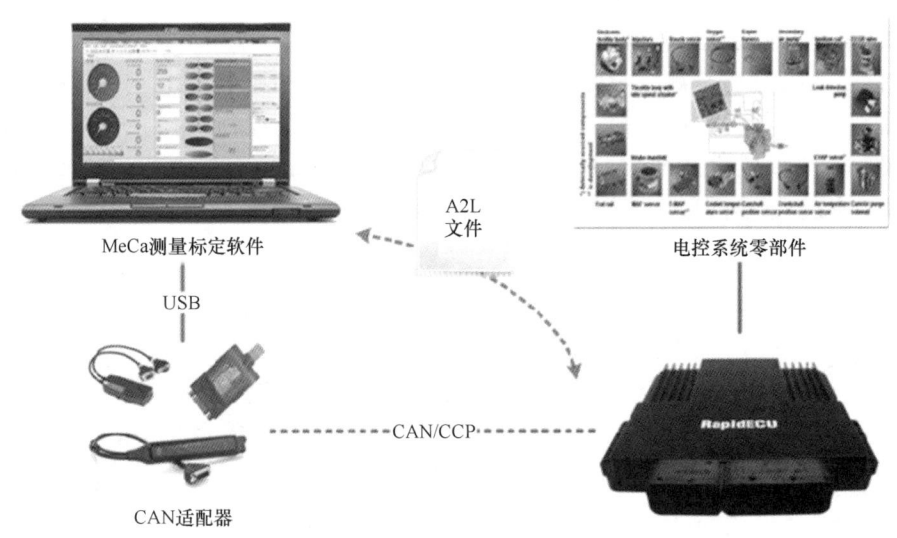

图 2-57　标定系统连接

显示系统工装状态，工作过程故障等级及故障代码；数据交互，上下电逻辑操作与管理；自定义图形曲线显示，仿真测试工况；在线标定窗口自定义各个标定量；参数阈值可自定义，设置报警线；手动或自动模式切换控制；在线刷写应用层；界面简约美观，操作便捷。

（6）数据采集流程

① 装配测试设备。将传感器等测试设备与氢燃料电池汽车进行连接，确保连接准确

且稳定。

② 实时采集。启动数据采集器，开始实时采集车辆的各种参数和状态信息。

③ 数据记录。将采集到的数据实时传输至上位机，并进行记录和存储。

④ 注意事项。在数据采集过程中，要确保数据的准确性和可靠性。这需要对测试设备进行定期校准和维护，并确保数据采集过程中的各种参数设置正确无误。

(7) 性能测试

① 准备阶段。

a. 确定测试目的、测试标准和测试方法；

b. 准备测试设备、仪器和辅助工具，确保设备完好且经过校准；

c. 对测试车辆进行预热和预检查，确保车辆处于最佳测试状态。

② 实验室测试阶段。

a. 按照测试方法逐一进行燃料电池系统、结构部件等测试项目；

b. 记录测试数据，包括电压、电流、功率、效率等关键参数；

c. 分析测试数据，评估燃料电池系统的性能和稳定性。

③ 路试测试阶段。

a. 在模拟实际行驶的路况下进行驱动循环测试、燃料经济性测试和输出功率测试；

b. 记录测试过程中的车辆行驶状态、耗氢量和行驶里程等关键数据；

c. 分析测试数据，评估氢燃料电池汽车的动态性能和燃料经济性。

(8) 开机步骤及注意事项

① 如图2-58所示，打开急停开关，启动氢燃料电池汽车电源。

图2-58 开关位置示意图

② 如图2-59所示，使用CAN看盒连接小车标定接口，连接电脑。

③ 打开MeCa软件。

④ 打开软件，启动车辆后，依次单击▶、■，如图2-60所示。

⑤ 如图2-61所示，按照顺序给各个硬件设定参数。

注意事项：

a. 图2-61中，步骤⑥执行结束，观察故障代码是否有1××××五位数的严重故障代码，以及氢气压力是否稳定到设定值（图中虚线部分表示与氢气系统相关）。存在以上问题，先不要执行步骤⑦，可检查氢气瓶有无压力，或者氢气瓶截止阀有无开启。

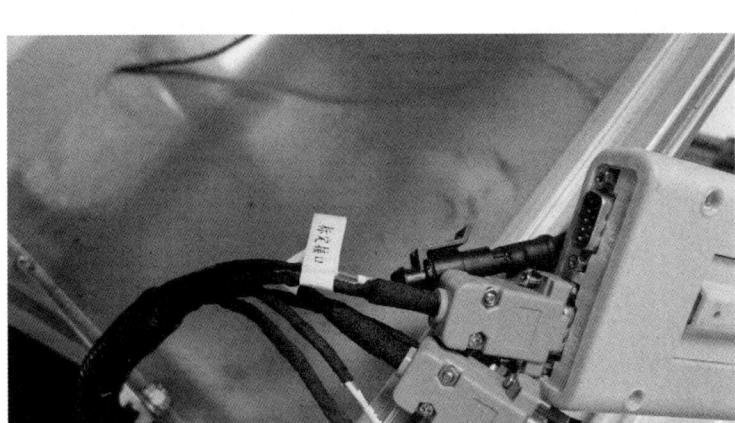

图 2-59 CAN 盒接口示意图

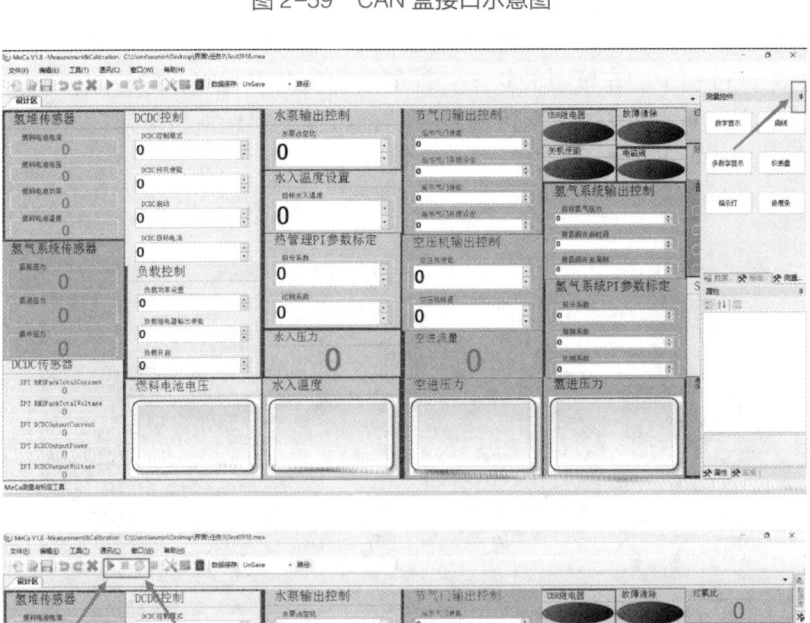

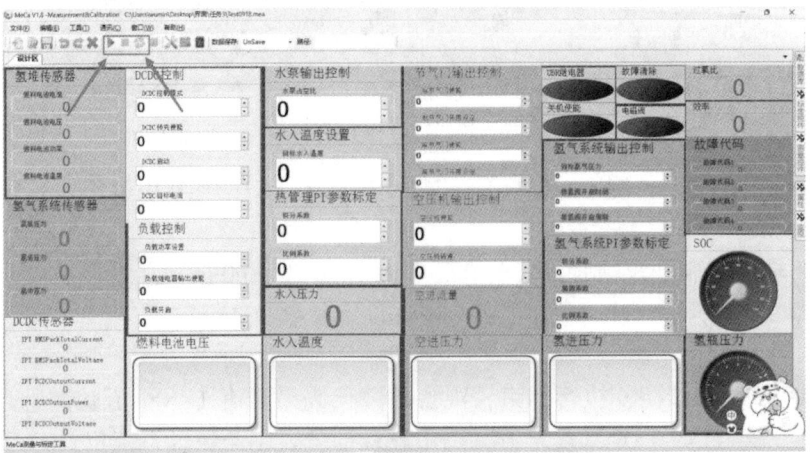

图 2-60 CAN 盒通信连接示意图

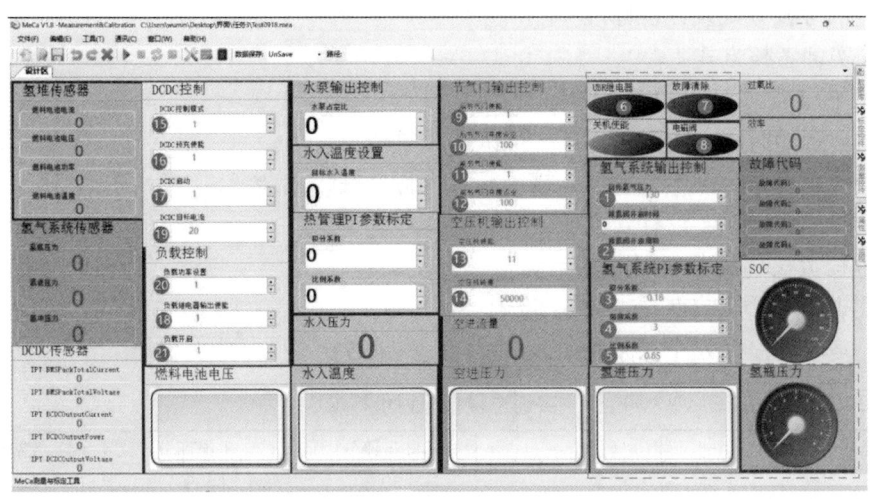

图 2-61 界面操作步骤示意图

b. 图 2-61 中步骤⑱执行结束，先判断是否使用负载。如果不使用负载的话，执行步骤得实时观察锂电池电压是否大于 84V，大于 84V 将步骤⑲重置为 0，停止调试。如果使用负载的话，执行步骤⑲、⑳、㉑。

（9）氢气管路气密性检测步骤如表 2-23 所示。

表 2-23　　　　　　　　　　氢气管路气密性检测步骤

步骤	图片示例
① 氢气测漏仪长按三秒开机。 ② 电堆发电后，开机使用氢气测漏仪测试氢气子系统的氢气软管各个接口是否漏气。 ③ 测漏仪传感器对准需要测量的氢气软管，查看测漏仪显示数值。如右图数值显示为 0,表示氢气软管接口没有漏气，数值显示越大，表示漏气越严重	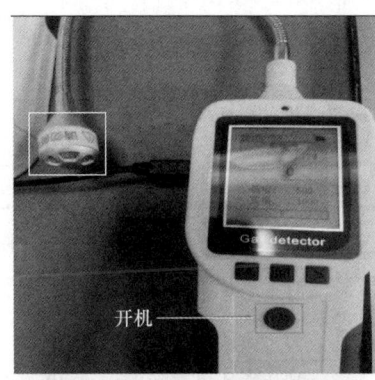 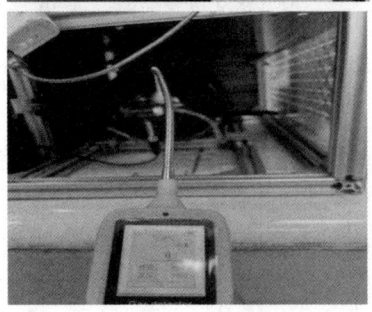

6. 实训考核方式及评价标准

(1) 实训考核方式

① 结果成绩（满分40分）。

a. 在规定的时间内能正确拆装，且试运转成功。

b. 安装工艺达到基本要求，连接牢靠、运行良好，无杂音。

c. 文明安全操作，没有安全事故。

② 过程考核（满分40分）。

③ 实训报告质量（满分20分）。

(2) 实训过程打分评价标准（表2-24、表2-25）

表2-24　　　　　　　　　　实训过程打分评价标准

评分内容	标准满分分值	自我评分（30%）	班组评分（30%）	教师评分（40%）
是否遵守实训纪律(有无迟到早退等现象)	2			
是否领会实训内容，及操作流程(有无课前预习)	4			
工作流程、工艺水平操作是否规范(是否发生安全事故)	6			
是否在规定时间内完成及完成质量	10			
是否独立完成或是小组核心成员	6			
实训过程记录是否如实、详尽	6			
是否遵守安全规程，做到环保节约，做到文明生产实训	4			
对实训内容提出合理性建议或评价	2			
总分	40			

表2-25　　　　　　　　　　整体打分评价标准

序号	项目要求	满分	记录	得分
1	分工情况	10		
2	协作情况	10		
3	准备工作	10		
4	具体拆卸情况	20		
5	工件摆放	10		
6	工具使用	10		
7	是否按要求进行	10		
8	装配顺序	10		
9	是否有疏漏	10		
	总体评价	100		

(3) 实训记录（表 2-26）

表 2-26　　　　　　　　　　　实训记录表（分组实训）

班级		日期	年　月　日　午第　节	指导老师	
实训内容					
实训过程记录					
设备检查记录					
分组学生签名					
备注	1. 实训中要严格遵守《操作规程》《实训室管理制度》等规章制度，严防安全事故发生。 2. 实训前发现设备故障(除已登记尚未维修的外)，及时向实训指导教师报告。 3. 实训结束后，指导教师需认真检查实训设备、关闭电源、锁好门窗。 4. 完整填写《实训记录表》并存档。				

(4) 实训报告提要

① 实训名称

② 所属课程名称

③ 学生姓名、学号、合作者及指导教师

④ 实训日期和地点（年、月、日）

⑤ 实训目的

⑥ 实训原理

⑦ 实训内容

⑧ 实训步骤

⑨ 实训结果

⑩ 实训收获和不足

项目三

氢燃料电池汽车系统检测与故障排查

任务 1　燃料电池系统故障检测与处理

任务导入

掌握燃料电池汽车故障分类对于系统性地识别和解决问题至关重要。了解故障的类型和特征能够帮助技术人员快速定位问题,有效地采取相应的解决措施。本任务将介绍故障分类的基本知识,以及如何将这些知识应用于实际故障诊断中。

任务目标

- **素质目标**

培养在学习和实际操作中的严谨态度

增强责任感和团队合作精神

提高分析和解决技术问题的能力,培养面对技术挑战的自信心和毅力

- **知识目标**

学习燃料电池汽车的常见故障类型

理解各类故障的典型特征和可能原因

- **技能目标**

能够准确识别和分类燃料电池汽车的常见故障,培养使用故障分类进行问题分析和诊断的能力

掌握使用诊断工具和技术手段进行故障检测和分析的方法

具备根据故障特征和原因制定有效维修和解决方案的能力

相关知识

燃料电池汽车各个重要子系统在整车工作过程中按照既定的控制策略进行动作,保证整车安全、高效、可靠运行。本任务主要介绍燃料电池发动机、动力电池、电机和 DC/DC 这 4 个主要部件的故障类型。

1.1　燃料电池发动机故障

燃料电池发动机故障可分为电堆故障和附件故障,如图 3-1 所示。燃料电池系统常见故障及处理方法见表 3-1,故障描述见表 3-2。组成燃料电池系统的多个子系统故障描

述见表3-3。其中附件故障可以根据系统组成进行相应分类。

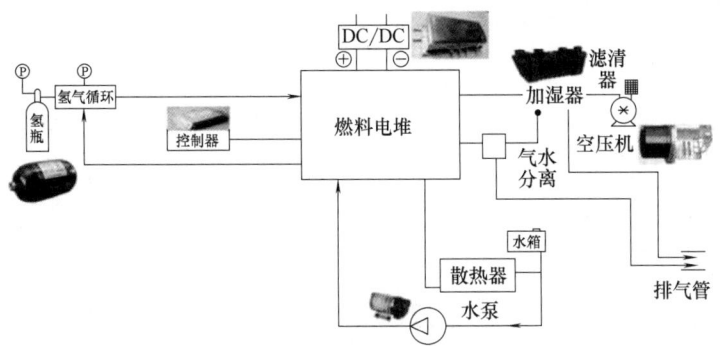

图 3-1 燃料电池发动机系统

表 3-1 燃料电池系统常见故障及处理方法

系统	故障类型	故障现象	故障原因	处理方法
空气供应系统	空气滤清器堵塞	空气流量减少,燃料电池输出功率下降	空气中尘埃和杂质积聚在过滤器上	定期检查并更换空气滤清器
	空气压缩机故障	无法提供所需的空气压力和流量	机械损坏、电气故障或控制系统故障	检查压缩机及其控制电路,必要时更换压缩机
	进气管道泄漏	空气流量不足,燃料电池性能下降	管道连接不紧密或老化破损	检查管道及其连接部位,修补或更换泄漏部分
氢气供应系统	氢气泄漏	燃料电池效率下降,存在安全隐患	管道或接头松动、损坏	使用泄漏检测设备检测并修复泄漏部位,确保系统密封
	氢气压力不稳定	燃料电池输出功率不稳定	压力调节器故障或氢气瓶压力不足	检查压力调节器和氢气瓶,调整或更换有问题的部件
	氢气纯度不达标	燃料电池性能下降,可能损坏电堆	氢气中含有杂质或污染物	检查氢气纯度,确保使用高纯度氢气,必要时更换氢气供应源
冷却系统	冷却液循环不良	燃料电池温度过高,效率下降	冷却液泵故障、管道堵塞或冷却液不足	检查并修理或更换冷却液泵,清理管道,补充冷却液
	冷却液泄漏	冷却液不足,导致系统过热	冷却系统密封不良或管道破损	检查泄漏点并修复,必要时更换损坏的部件
	散热器故障	冷却效果不佳,系统温度上升	散热器堵塞或风扇故障	清理散热器,检查并修理或更换风扇
电气系统	电气连接不良	燃料电池无法正常工作或间歇性工作	电缆连接松动、接触不良或老化	检查所有电气连接,确保紧密可靠,必要时更换老化电缆
	电气组件故障	控制系统无法正常运行	传感器、控制器或其他电气元件损坏	使用诊断工具检查电气组件,修复或更换故障部件
电堆	电堆性能衰减	输出功率下降,效率降低	电堆老化、催化剂中毒或膜失效	定期检查电堆状态,必要时进行维修或更换
	单体电池故障	整体性能下降,可能引发系统故障	单体电池内部短路、断路或膜损坏	使用诊断工具检测单体电池,修复或更换故障单体
	电堆过热	电堆温度过高,效率急剧下降	冷却系统故障或电堆内部问题	检查冷却系统,确保正常运行,必要时检修电堆内部

表 3-2　　燃料电池系统故障描述

	故障	故障描述	触发条件	截止条件
燃料电池系统	氢空压差	差异	35kPa≤｜IPT_H_2InPressure−IPT_AirInPressure｜<40kPa 或 50kPa≤｜IPT_H_2ExpulsionPressure−IPT_AirOutPressure｜<55kPa for 1s	｜IPT_H_2InPressure−IPT_AirInPressure｜<30kPa for 1s
	水氢压差	偏高	50kPa≤｜IPT_H_2InPressure−IPT_WaterInPressure｜<55kPa for 1s	｜IPT_H_2InPressure−IPT_WaterInPressure｜<43kPa for 1s
	水空压差	偏高	50kPa≤｜IPT_AirInPressure−IPT_WaterInPressure｜<55kPa for 1s	｜IPT_AirInPressure−IPT_WaterInPressure｜<43kPa for 1s
	冷却水进出堆温差	过高	IPT_WaterOutTemperature−IPT_WaterInTemperature≥10℃ for 10s	IPT_WaterOutTemperature−IPT_WaterInTemperature<9℃ for 2min
	单体压差（平均电压-最低电压）	过高	IPT_AverageCellVoltagee−IPT_MinCellVoltage≥0.05V for 500ms	IPT_AverageCellVoltage≤0.045V for 1min
	单体欠压程度	过严重	IPT_MinCellVoltage<0.46V for 500s	IPT_MinCellVoltage>0.49V for 2s
	电堆稳态电流	偏高	312A<IPT_FCSCurrent≤322A for 500s	IPT_FCSCurrent<312A for 2s

表 3-3　　子系统故障描述

子系统	部件	故障描述	触发条件	截止条件
热管理子系统	水入温度传感器	水入温度过高	IPT_WaterInTemperature≥70℃ for 2s	IPT_WaterInTemperature<68℃ for 30s
	水出温度传感器	水出温度过高	IPT_WaterOutTemperature≥82℃ for 2s	IPT_WaterOutTemperature<80℃ for 2s
	水入压力传感器	水入压力过高	200kPa≤IPT_WaterInPressure for 1s	IPT_WaterInPressure≤195kPa for 1s
	水出压力传感器	水出压力过高	200kPa≤IPT_WaterInPressure for 1s	IPT_WaterInPressure≤192kPa for 1s
	辅助散热回路温度传感器	辅助散热回路温度过高	IPT_AuxiliaryCoolingCircuitTemperature≥75℃ for 2s	IPT_AuxiliaryCoolingCircuitTemperature<74℃ for 2s
	散热器出口温度传感器	散热器出口温度过高	IPT_RadiatorOutTemperature≥75℃ for 2s	IPT_RadiatorOutTemperature<74℃ for 30s
	电导率传感器	离子浓度偏高	20us/cm≤IPT_Conductivity for 60s	IPT_Conductivity<18us/cm for 60s
	液位传感器	主冷却水箱液位过低	IPT_LiquidLevelFault==1 for 5s	IPT_LiquidLevelFault==0 for 5s
	散热器	散热器故障	IPT_RadiatorFault==1 for 5s	IPT_RadiatorFault==0 for 5s
空气子系统	空入温压一体传感器（压力）	空入压力过高	IPT_AirInPressure≥230kPa for 1s	IPT_AirInPressure≤225kPa for 1s
	空气质量流量计	传感器对地短	IPT_MassFlowVoltage<1V for 2s	IPT_MassFlowVoltage>1V for 1s
	前节气门	过温（大于125℃）	FTV_Alarm1==1	FTV_Alarm1==0
	空压机反馈转速与设定转速值	差异过大	｜OPT_AirCompressorSpeedSet-IPT_AirCompressorSpeedFeedback｜>500r/min for 10s	｜OPT_AirCompressorSpeedSet-IPT_AirCompressorSpeedFeedback｜<400r/min for 3s

续表

子系统	部件	故障描述	触发条件	截止条件
氢气子系统	氢气中压传感器	压力过高	1800kPa ≤ IPT_H_2MiddlePressure ≤ 2000kPa for 2s	IPT_H_2MiddlePressure<1795kPa
	氢进压力传感器	压力过高	250kPa ≤ IPT_H_2InPressure ≤ 315.6kPa for 2s	IPT_H_2InPressure<245kPa for 2s
	氢进温度传感器	温度过高	70℃ ≤ IPT_H_2InTemperature < 126.6℃ for 10s	IPT_H_2InTemperature < 68℃ for 10s
	排氢模块压力传感器	压力过高	250kPa ≤ IPT_H_2ExpulsionPressure ≤ 315.6kPa for 2s	IPT_H_2ExpulsionPressure<245kPa for 2s
	排氢模块温度传感器	温度过高	70℃ ≤ IPT_H_2Expulsion Temperature<91.6℃ for 10s	IPT_H_2ExpulsionTemperature < 68℃ for 10s
	氢气浓度传感器	浓度过高	30000ppm ≤ IPT_H_2Concentration1 ≤ 40000ppm for 2s	IPT_H_2Concentration1 ≤ 29000ppm for 2s
DC/DC系统	DC/DC	过温	温度大于保护阈值,低于恢复阈值错误码自动清除	停机处理,温度恢复,错误码自动清除
		输出总电流过流	输出电流大于保护阈值	停机处理,发送清除错误指令或者重启辅助电清除故障
		输出电压过压	输出电压大于保护阈值	停机处理,发送清除错误指令或者重启辅助电清除故障
		输入过压	输入电压大于保护阈值	停机处理,发送清除错误指令或者重启辅助电清除故障
		输入欠压	输入电压低于保护阈值	停机处理,发送清除错误指令或者重启辅助电清除故障
		输入短路故障	待机状态检测到输入电流	停机处理,有硬件损坏,不建议重启
		输出短路故障	待机状态检测到输出电流	停机处理,有硬件损坏,不建议重启

1.2 动力电池故障

动力电池作为燃料电池汽车的动力来源之一,其故障诊断对于整车具有十分重要的意义,其中动力电池常见故障有以下4种,如表3-4所示。

表3-4　　动力电池常见故障及处理方法

故障类别	故障类型	故障现象	故障原因	处理方法
电压表现故障	电压不稳定	电池输出电压波动较大,影响车辆性能	电池内部短路、接触不良或老化	检查电池连接点,确保连接紧密;检测电池单体,必要时更换有问题的电池
	电压偏低	电池电压低于正常值,影响车辆续航能力	电池容量衰减、单体电池失效或放电过度	检测电池单体电压,进行均衡充电;更换失效或老化的电池单体

续表

故障类别	故障类型	故障现象	故障原因	处理方法
电压表现故障	电压偏高	电池电压高于正常值,可能损坏电气系统	过充电或充电管理系统故障	检查充电管理系统,确保其正常运行;避免过充电,及时调整充电参数
温度表现故障	电池过热	电池温度过高,影响电池寿命和安全性	电池放电电流过大、散热不良或冷却系统故障	检查冷却系统,确保其正常工作;避免大电流放电,改善散热条件
	电池低温	电池温度过低,影响充放电性能	环境温度过低或电池加热系统故障	在低温环境中使用电池加热系统;检查加热系统,确保其正常运行
	温度不均匀	电池组内部温度分布不均匀,影响整体性能	冷却系统设计不合理或个别电池单体故障	优化冷却系统设计,确保均匀散热;检测电池单体温度,排查并更换故障电池
充电故障	无法充电	电池无法正常充电,车辆无法行驶	充电接口故障、充电器损坏或电池管理系统(Battery Management System,BMS)故障	检查充电接口和充电器,确保其正常;检测 BMS 系统,修复或更换有问题的部件
	充电速度过慢	电池充电时间过长,影响使用效率	充电功率不足、充电线缆或接头损坏	检查充电设备和线缆,确保其正常;使用符合规格的高功率充电器
	过充电保护失效	电池过充电,可能导致电池损坏或安全隐患	过充保护电路或 BMS 系统故障	检查过充保护电路和 BMS 系统,确保其正常运行;必要时更换保护电路或 BMS 系统
通信故障	数据传输中断	电池管理系统无法接收或发送数据,影响电池监控和管理	通信线缆断裂、接头松动或通信模块故障	检查通信线缆和接头,确保连接紧密;检测通信模块,修复或更换故障部件
	数据异常	收到的数据异常,如电压、电流或温度数据不准确	传感器故障或数据处理单元故障	检查传感器和数据处理单元,确保其正常运行;更换故障传感器或修复数据处理单元
	系统无法通信	BMS 系统无法与车辆其他系统进行通信	BMS 系统故障或通信协议不兼容	检查 BMS 系统的硬件和软件,确保其正常;更新或调整通信协议,确保兼容性

1.3 电机系统故障

电机及电驱动控制系统在燃料电池汽车中发挥重要作用,其作用为进行能量转化,将电能转化为机械能,通过传动系统驱动车辆行驶,也可以将机械能转化为电能(制动能量回收模式)。在驱动车辆行驶时,燃料电池发动机或动力电池产生的能量经过电机转化为驱动力;在制动能量回收模式下,回收动能存储于动力电池中,电机结构如图 3-2 所示。

电机系统故障主要分为电气类故障与机械类故障两部分。其中,机械类故障包括但不限于内部转子、定子关键部件损坏；电气类故障则主要包括控制器电路故障、电机内部短路和断路。

1.4 DC/DC 转换器故障

DC/DC 转换器的作用为提升输入电压，使输出电压能够满足燃料电池汽车整车高压需求，如图 3-3 为 DC/DC 转换器。

图 3-2　电机结构

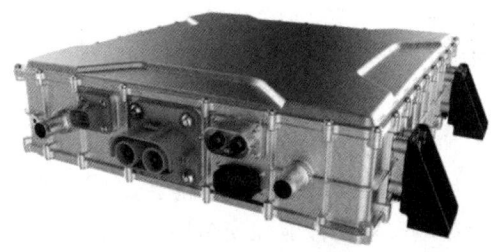

图 3-3　DC/DC 转换器

DC/DC 转换器故障主要有以下原因：
① 低压信号故障，涉及低压接线端的供电、接地和使能信号。
② DC/DC 转换器高压故障。
③ 由于连接线路出现问题而导致输出故障。
④ 由于 DC/DC 转换器温度达到阈值而产生故障，并触发报警。

学习检查

一、单选题

1. 燃料电池汽车中最常见的故障类型是（　　　）。
   A. 机械故障　　　　　　　　B. 电气故障
   C. 热管理故障　　　　　　　D. 燃料供给故障
2. 燃料电池系统中的水管理故障通常会导致什么问题？（　　　）
   A. 电压波动　　　　　　　　B. 电池过热
   C. 功率输出下降　　　　　　D. 系统泄漏

二、多选题

3. 以下哪些是燃料电池汽车的常见故障类型？（　　　）
   A. 氢气泄漏　　　　　　　　B. 逆变器故障
   C. 电堆故障　　　　　　　　D. 燃料电池膜污染
4. 导致燃料电池系统过热的原因可能有哪些？（　　　）
   A. 冷却系统故障　　　　　　B. 电堆内部短路
   C. 氢气供给不足　　　　　　D. 逆变器故障

三、填空题

5. 燃料电池汽车的＿＿＿＿＿＿故障会导致燃料电池膜性能下降。

6. 逆变器故障可能导致电机无法正常运转，原因是无法将_____转换为交流电。

四、简答题

7. 简述燃料电池汽车中电气故障的典型特征和可能原因。
8. 解释如何使用故障分类方法进行燃料电池汽车的故障诊断。

任务 2　动力电池故障检测与处理

 任务导入

动力电池是燃料电池汽车系统的核心组成部分，氢燃料电池在运行时，它能够起到动力辅助、能量回收、平滑输出功率、提高系统效率、辅助启动、短期储能等作用。在长期使用过程中，动力电池可能会出现各种故障，如电压异常、容量衰减、过热等，这些故障会影响车辆的性能和安全性。通过本任务，我们将系统学习动力电池故障检测与处理的相关知识和技能，提高对动力电池系统的理解和维护能力，确保燃料电池汽车的稳定运行。

任务目标

- 素质目标

培养规范操作和认真负责的工作态度
培养细致观察与精准分析能力
增强操作维护中的安全意识

- 知识目标

了解动力电池组的基本结构和组成成分
掌握动力电池的工作原理
了解动力电池常见的故障类型及其成因
掌握动力电池故障检测的方法和工具
了解动力电池故障处理的基本技术和方法

- 技能目标

熟练操作各类检测仪器和工具，对动力电池进行全面的故障检测
具备准确诊断动力电池故障的能力，能够分析检测数据，判断故障原因
能够有效处理动力电池的各类故障，进行维修或更换故障部件，恢复电池正常工作状态
具备动力电池的预防性维护技能，能够进行定期检查和保养，延长电池使用寿命

 **相关知识**

2.1　动力电池的结构功能与工作原理

2.1.1　动力电池的结构功能

动力电池的结构包括模组、电池管理系统（BMS）、热管理系统、机械结构与外壳、

电气系统等，如图 3-4 所示。其功能是通过电化学反应实现能量存储与释放，为车辆提供电能，辅助燃料电池满足瞬时高功率需求，回收制动能量，平滑功率输出，优化系统效率，并确保安全运行。

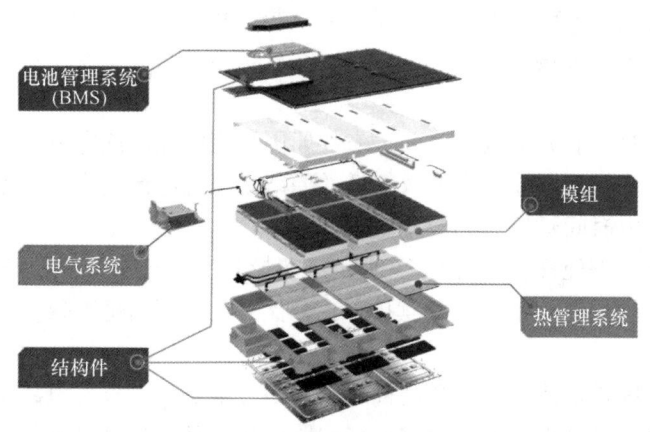

图 3-4 动力电池的结构

2.1.2 动力电池的工作原理

动力电池的工作原理是通过电化学反应实现能量转换。在充电过程中，外部电源施加电压驱动锂离子从正极脱嵌，通过电解质移动到负极，并嵌入负极材料中，电能转化为化学能存储在电池中。在放电过程中，锂离子从负极脱嵌，通过电解质返回正极，并嵌入正极材料中，化学能转化为电能供外部电路使用。BMS 实时监测电池的电压、电流和温度，平衡各电芯的电压，确保电池在安全范围内高效运行，防止过充、过放、过热等异常情况，提高电池的性能和寿命。

2.2 动力电池常见的故障检测与处理方法

2.2.1 电压/电流故障

（1）电压故障

电压故障包括过充电压、过放电压和电压不均衡。过充电压会导致电池电解液分解、内压增大，甚至热失控；过放电压会损坏电池内部材料结构，缩短电池寿命；电压不均衡则会导致电池组中各电芯电压不一致，降低电池组容量，影响整体性能。

（2）电流故障

电流故障包括过流和短路。过流是指充电或放电电流过大，可能导致电池发热、损坏甚至爆炸；短路是指电池内部或外部电路短路，造成电流瞬间增大，可能引起电池损坏和安全事故。

（3）检测与处理

电压检测：通过 BMS 实时监控各电芯的电压，防止过充或过放。

电流保护：设置过电流保护，当电流超过安全范围时自动断开。

2.2.2 温度故障

温度故障包括高温和低温故障。高温故障原因是高温环境、过高的充放电电流和散热不良，会导致电池内部化学反应加剧、电解液分解，甚至发生热失控。低温故障的原因是低温环境导致电解液黏度增加、锂离子迁移速度减慢，会导致电池内阻增加，电池容量和效率降低。

动力电池一般通过 BMS 实时检测各电池组的温度，确保其在安全范围内工作。低温时，通过加热系统或保温措施确保电池在低温环境下能够正常工作。高温时，采用风冷、液冷等方式，防止电池过热。

2.2.3 充电故障

充电故障包括过充和充电效率低。过充的原因是充电电压或电流超过安全范围，可能导致电池发热、膨胀甚至爆炸。充电效率低的原因是充电电流过小、电池内阻过大或温度过低，可能导致充电时间延长，影响使用效率。

充电故障的检测与处理包括充电管理和定期检查。通过 BMS 控制充电电压和电流，防止过充，并定期检查充电设备和电池状态，确保充电过程安全高效。

2.2.4 通信故障

通信故障的原因包括信号干扰和硬件故障，信号干扰是指外部电磁干扰导致通信中断或数据错误，硬件故障是指通信模块或连接线路损坏。其影响是数据丢失，无法准确监测和控制电池状态，增加故障风险，以及管理失效，导致 BMS 无法正常工作，影响电池的安全和性能。

通信故障的检测与处理包括抗干扰设计和硬件维护。通过采用屏蔽、滤波等技术减少外部干扰，并定期检查和维护通信模块和线路，确保其正常工作，有效预防和解决通信故障问题。

2.2.5 绝缘故障

绝缘故障的原因包括材料老化导致电池外壳或绝缘材料破损，以及外部物理损伤造成绝缘层破损，可能导致电池漏电，增加安全风险，严重时可能引发短路，导致电池损坏甚至爆炸。

绝缘故障的检测与处理包括绝缘监测和定期检查。通过绝缘监测装置实时检测电池的绝缘状态，同时定期检查电池外壳和绝缘材料，及时更换老化或破损部分，以确保电池绝缘状态良好，减少漏电和短路的风险，保障电池安全运行。

2.2.6 状态故障

容量衰减是由于电池长期使用导致其储存电荷的能力逐渐降低，电池续航能力下降，可能无法完全满足车辆的长时间运行需求。电池内部材料老化或损耗，导致电池内阻增加，放电效率下降，并且可能会引起电池发热增加，影响其稳定性和寿命。

状态监测与处理包括通过 BMS 实时监测电池的容量和内阻变化，以及定期进行电池维护保养，例如清洁电池表面、检查连接器等，以延长电池的使用寿命。当电池容量和内阻达到使用寿命极限时，应及时更换电池，确保车辆能够正常运行，并确保新电池的安全性和性能符合要求。

 学习检查

请简述动力电池在使用过程中可能出现哪些故障类型，并说明处理方法。

实训：氢燃料电池汽车故障检测、处理及能量管理

> 所需课时：2 课时
> 实施形式：分组实训，每组 3~6 人
> 实训地点：××实训室
> 指导教师：1~2 人

1. 实训目的及要求

(1) 熟悉：故障诊断系统、故障码定义、能量管理策略、氢燃料电池系统数据的采集及分析

(2) 掌握：氢燃料电池系统故障诊断与排除方法、能量管理控制方法

2. 实训设备及工量具

(1) 设备：氢能源汽车技术实训平台

(2) 工量具：常用工具箱 1 套、橡胶手套 1 套、氢气测漏仪 1 套、万用表

3. 实训内容

(1) 氢气子系统故障检测与处理

(2) 空气子系统故障检测与处理

(3) 热管理子系统故障检测与处理

(4) 功率调节系统故障检测与处理

(5) 电堆故障检测与处理

(6) 氢燃料电池汽车能量管理

4. 实训操作个人防护

(1) 带电工作时需穿戴橡胶绝缘手套、安全帽、劳动保护鞋、护目镜等进行操作

(2) 使用工具需规范操作，禁止随意摆放

(3) 台架拆装测试需先下电操作

(4) 使用设备前仔细阅读说明书注意事项

(5) 拆装测试前使用万用表测量设备是否带电

5. 实训操作及步骤

(1) 氢气子系统故障检测与处理

① 故障检测。

a. 实时监测：燃料电池氢气子系统的故障检测主要包括对氢气供应、存储和泄漏的实时监测。这些监测可以通过安装氢气浓度传感器、压力传感器和温度传感器等实现，以实时获取氢气子系统的关键参数数据。

b. 数据分析：上位机收集到传感器的数据需要进行实时分析，以判断氢气子系统是否处于正常工作状态。例如，氢气浓度传感器可以检测氢气泄漏情况，当检测到氢气浓度超过安全阈值时，会触发报警系统。

c. 故障识别：根据上位机故障代码，结合燃料电池 DTC 故障表，可以识别出氢气子

系统的具体故障类型。常见的故障包括传感器短路、氢气泄漏、氢气供应不足、氢气压力异常等。

② 故障处理。

a. 故障代码含义：在故障诊断策略中设置了四个字节的故障码，故障码的每一位都有明确的故障定义，故障码从左至右第一位代表故障等级（故障等级，"0"为 Start Up Stop，"1"为 Warning，"2"为 Power Limit，"3"为 Fault Stop，"4"为 Emergency Stop），第二位代表故障所处的子系统，第三位代表故障所处子系统的零部件，第四位代表此零部件的具体故障。故障策略中设置的四字节故障码是十六进制，将十六进制转成十进制故障代码，就可以在上监测到相应故障代码。

b. 故障诊断：例如观察上位机故障代码为 5156（十进制），转化为故障代码 1424（十六进制），经查 DTC 故障表，1424 中第一位 "1" 代表故障等级 1—Warning，第二位 "4" 代表氢气子系统故障，第三位 "2" 代表氢进压力传感器位置，第四位 "4" 代表传感器对地短路。故上位机故障代码 5156 代表：氢气子系统氢进压力传感器对地短路。

c. 故障排除：通过故障诊断，确定故障位置及原因，使用万用表测量此压力传感器是否正常，检查此压力传感器接插件是否松动或脱落，检修完成，将其恢复原位。观察上位机故障代码是否消除，若故障代码消除，则故障排除。

（2）空气子系统故障检测与处理

① 故障检测。

a. 实时监测：燃料电池空气子系统的故障检测主要包括对空气流量、压力等参数实时监测。这些监测可以通过安装压力传感器和温度传感器等实现，以实时获取空气子系统的关键参数数据。

b. 数据分析：上位机传感器收集到的数据需要进行实时分析，以判断空气子系统是否处于正常工作状态。

c. 故障识别：根据上位机故障代码，结合燃料电池系统 DTC 故障表，可以识别出空气子系统的具体故障类型。

② 故障处理。

a. 故障代码的监测及其含义在氢气子系统故障检测与处理中已有介绍，在此不再赘述。

b. 故障诊断：例如观察上位机故障代码为 13073（十进制），转化为故障代码 3311（十六进制），经查 DTC 故障表，3311 中第一位 "3" 代表故障等级 3—Fault Stop，第二位 "3" 代表空气子系统故障，第三位 "1" 代表空入压力传感器位置，第四位 "1" 代表压力过高。故上位机故障代码 13073 代表：空气子系统空入压力过高。

c. 故障排除：通过故障诊断，确定故障位置及原因，使用万用表测量此压力传感器是否正常，检修完成后调节空压机转速，使得空入压力处于正常范围内。停机重启，观察上位机故障代码是否消除，若故障代码消除，则故障排除。

（3）热管理子系统故障检测与处理

① 故障检测。

a. 实时监测：燃料电池热管理子系统的故障检测主要包括对温度、湿度等参数实时监测。这些监测可以通过安装温湿度传感器等实现，以实时获取热管理子系统的关键参数数据。

b. 数据分析：上位机传感器收集到的数据需要进行实时分析，以判断热管理子系统是否处于正常工作状态。

c. 故障识别：根据上位机故障代码，结合燃料电池系统 DTC 故障表，可以识别出热管理子系统的具体故障类型。

② 故障处理。

a. 故障代码的监测及其含义在氢气子系统故障检测与处理中已有介绍，在此不再赘述。

b. 故障诊断：例如观察上位机故障代码为 16929（十进制），转化为故障代码 4221（十六进制），经查 DTC 故障表，4221 中第一位"4"代表故障等级 4—Emergency Stop，第二位"2"代表热管理子系统故障，第三位"2"代表水出温度传感器位置，第四位"1"代表温度过高。故上位机故障代码 13073 代表：热管理子系统水出温度过高。

c. 故障排除：通过故障诊断，确定故障位置及原因，使用万用表测量此压力传感器是否正常，检修完成后，停机处理，待水出温度处于正常范围内。开机，观察上位机故障代码是否消除，若故障代码消除，则故障排除。

（4）功率调节系统故障检测与处理

① 故障检测。

a. 实时监测：燃料电池热管理子系统的故障检测主要包括对电流、电压、功率等参数实时监测。

b. 数据分析：上位机传感器收集到的数据需要进行实时分析，以判断功率调节系统是否处于正常工作状态。

c. 故障识别：根据上位机故障代码，结合燃料电池系统 DTC 故障表，可以识别出功率调节系统的具体故障类型。

② 故障处理。

a. 故障代码的监测及其含义在氢气子系统故障检测与处理中已有介绍，在此不再赘述。

b. 故障诊断：例如观察上位机故障代码为 14887（十进制），转化为故障代码 3A27（十六进制），经查 DTC 故障表，3A27 中第一位"3"代表故障等级 3—Fault Stop，第二位"A"代表 DC/DC 转换器故障，第三位"2"代表 DC/DC 转换器二级故障，第四位"7"代表输入欠压。故上位机故障代码 14887 代表：功率调节系统 DC/DC 转换器输入欠压。

c. 故障排除：通过故障诊断，确定故障位置及原因，DC/DC 转换器输入电压过低，增大氢气、氧气压力，使得燃料电池输出电压增加到 DC/DC 转换器正常输入电压范围内。停机处理，发送清除错误指令或者重启辅助电路清除故障。开机，观察上位机转换器故障代码是否消除，若故障代码消除，则故障排除。

（5）电堆故障检测与处理

① 故障检测。

a. 实时监测：燃料电池堆故障检测主要包括对电堆的输出电压、电流、功率等参数实时监测。

b. 数据分析：上位机传感器收集到的数据需要进行实时分析，以判断电堆是否处于正常工作状态。

c. 故障识别：根据上位机故障代码，结合燃料电池系统 DTC 故障表，可以识别出电堆的具体故障类型。

② 故障处理。

a. 故障代码的监测及其含义在氢气子系统故障检测与处理中已有介绍，在此不再赘述。

b. 故障诊断：例如观察上位机故障代码为 17761（十进制），转化为故障代码 4561（十六进制），经查 DTC 故障表，4561 中第一位"4"代表故障等级——Emergency Stop，第二位"5"代表燃料电池故障，第三位"6"代表单体欠压程度，第四位"1"代表过严重。故上位机故障代码 17761 代表：电堆单体欠压过严重。

c. 故障排除：通过故障诊断，确定故障位置及原因，返厂检修。停机处理，检修完成后重启，观察上位机故障代码是否消除，若故障代码消除，则故障排除。

(6) 氢燃料电池汽车能量管理

① 能量管理目标。

a. 优化整车能效：通过合理分配燃料电池和动力电池的功率输出，确保整车在不同工况下都能高效运行。

b. 延长电池寿命：通过合理的控制策略，保护燃料电池和动力电池免受过度充放电、高温等不利因素的影响，延长其使用寿命。

c. 满足驾驶需求：确保车辆在各种工况下都能提供足够的动力，满足驾驶员的驾驶需求。

② 能量分配策略模式。

a. SOC 开关控制：在动力电池 SOC（荷电状态）上下限内及整车功率需求高时，燃料电池在一个或几个功率点工作，以保证燃料电池的输出效率及寿命。这种控制策略适用于匹配较大容量动力电池的商用车辆。

b. 功率跟随式控制：燃料电池按照自身功率输出能力，时刻跟随整车需求功率变化，以保证整车动力。这种控制策略适用于匹配较小容量动力电池的乘用车。

③ 动力系统运行模式。

a. 大扭矩运行模式：当车辆遇到爬坡路况或需加速行驶时，由于负载决定的功率需求超过了燃料电池的额定输出功率，此时需使用燃料电池和动力电池共同为负载供电。

b. 轻载巡航运行模式：车辆行驶在平稳路况下，负载的功率需求持续稳定在燃料电池的额定工作点附近，此时只需使用燃料电池供电，动力电池既不充电也不放电。

c. 轻载充电运行模式：在负载的功率需求较低时，燃料电池除单独向负载供电外，还根据动力电池的实时 SOC 状态提供多余的能量为其充电。

d. 强制保电模式：当动力电池 SOC 低到一定限值时，不再进行能量输出，以保持电量不低于这一限值水平，保护动力电池免受损害。

④ 氢燃料电池汽车能量管理操作说明。

a. 能量管理参数设计

通过调节 Meca 界面上的五个能量管理参数（图 3-5），再给定消耗等量的氢瓶压力，记录界面上的输出总能量值。合理调节能量管理参数，使得输出总能量值最低。

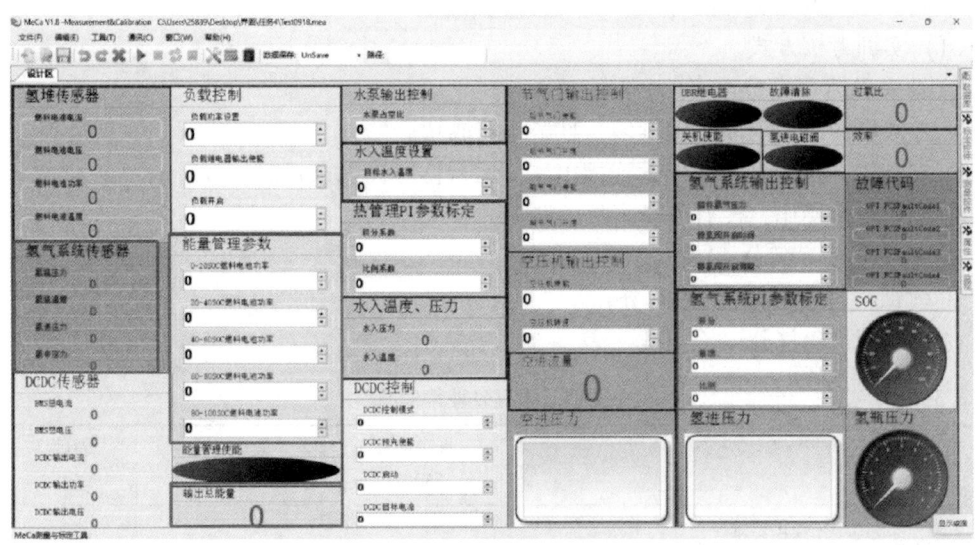

图 3-5 输出功率初始数据示意图

b. 输出期望功率

通过调节 Meca 界面上的五个能量管理参数（图 3-6），观察界面系统输出功率值，使其与期望功率值相等。

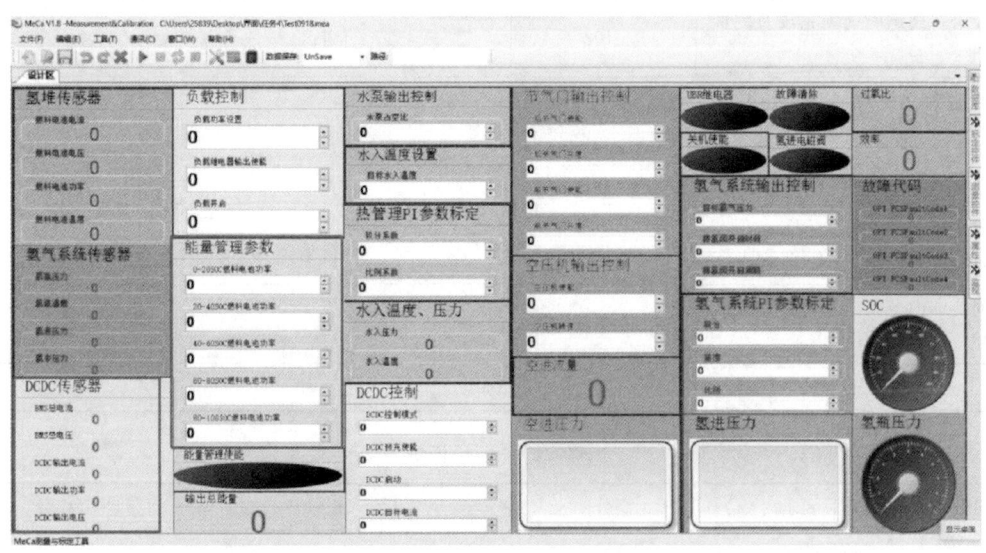

图 3-6 输出功率示意图

例如：上位机能量管理参数分别为 1.5、1.3、1、0.5、0 表示：
当锂电池 SOC 为 0%～20%时，燃料电池输出功率 1.5kW；
当锂电池 SOC 为 20%～40%时，燃料电池输出功率 1.3kW；
当锂电池 SOC 为 40%～60%时，燃料电池输出功率 1kW；
当锂电池 SOC 为 60%～80%时，燃料电池输出功率 0.5kW；
当锂电池 SOC 为 80%～100%时，燃料电池输出功率 0kW。

6. 实训考核方式及评价标准

（1）实训考核方式

① 结果成绩（满分40分）。

a. 在规定的时间内能正确拆装，且试运转成功。

b. 安装工艺达到基本要求，连接牢靠、运行良好、无杂音。

c. 文明安全操作，没有安全事故。

② 过程考核（满分40分）。

③ 实训报告质量（满分20分）。

（2）实训过程打分评价标准（表3-5、表3-6）

表3-5 实训过程打分评价标准

评分内容	标准满分分值	自我评分（30%）	班组评分（30%）	教师评分（40%）
是否遵守实训纪律（有无迟到早退等现象）	2			
是否领会实训内容，及操作流程（有无课前预习）	4			
工作流程、工艺水平操作是否规范（是否发生安全事故）	6			
是否在规定时间内完成及完成质量	10			
是否独立完成或是小组核心成员	6			
实训过程记录是否如实详尽	6			
是否遵守安全规程，做到环保节约，做到文明生产实训	4			
对实训内容提出合理性建议或评价	2			
总分	40			

表3-6 整体打分评价标准

序号	项目要求	满分	记录	得分
1	分工情况	10		
2	协作情况	10		
3	准备工作	10		
4	具体拆卸情况	20		
5	工件摆放	10		
6	工具使用	10		
7	是否按要求进行	10		

续表

序号	项目要求	满分	记录	得分
8	装配顺序	10		
9	是否有疏漏	10		
	总体评价	100		

（3）实训记录表（表3-7）

表3-7　　　　　　　　　　实训记录表（分组实训）

班级		日期	年　月　日　午第　节	指导老师	
实训内容					
实训过程记录					
设备检查记录					
分组学生签名					
备注	1. 实训中要严格遵守《操作规程》《实训室管理制度》等规章制度，严防安全事故发生。 2. 实训前发现设备故障(除已登记尚未维修的外)，及时向实训指导教师报告。 3. 实训结束后，指导教师需认真检查实训设备、关闭电源、锁好门窗。 4. 完整填写《实训记录表》并存档。				

（4）实训报告提要

① 实训名称

② 所属课程名称

③ 学生姓名、学号、合作者及指导教师

④ 实训日期和地点（年、月、日）

⑤ 实训目的

⑥ 实训原理

⑦ 实训内容

⑧ 实训步骤

⑨ 实训结果

⑩ 实训收获和不足

项目四

氢燃料电池汽车的日常维护

任务1 氢燃料电池汽车维护的必要性与车主自行保养项目

任务导入

氢燃料电池汽车的日常维护是确保车辆高效、安全运行的关键。维护任务包括检查燃料电池系统、动力电池、储氢系统、电机系统及其辅助系统的各项参数和状态,及时发现和处理潜在问题,延长车辆使用寿命,提高运行效率,保障行车安全。那么除了上述提到的维护项目外,还有哪些项目需要按时进行保养呢?此外,作为一名氢燃料电池汽车的拥有者,应具有哪些保养常识呢?

任务目标

- **素质目标**

提高安全意识,认识到安全维护的重要性,并严格遵守安全操作规程

培养持之以恒的意识,认识到维护工作对车辆性能和寿命的影响,积极主动地完成日常检查和保养项目

增强自学能力,不断学习新知识,提升维护技能水平

- **知识目标**

了解氢燃料电池汽车的基本结构,包括燃料电池系统、动力电池、储氢系统、电机系统及其辅助系统

掌握氢燃料电池汽车的定期检查和保养项目,包括燃料电池系统、动力电池、储氢系统、电机系统及其辅助系统的维护方法

了解氢气泄漏的判断方法、应急处理措施以及日常使用中的安全注意事项

- **技能目标**

能够熟练进行氢气储氢瓶和管路、冷却液、空气滤清器、电气系统等项目的日常检查

能够进行简单的保养操作,例如更换空气滤清器、补充冷却液等

能够识别常见的故障现象,并及时采取措施进行处理或寻求专业帮助

 相关知识

1.1 氢燃料电池汽车检查和保养的必要性

1.1.1 确保安全性

氢燃料电池汽车使用氢气作为燃料,而氢气是一种易燃易爆的气体。一旦发生泄漏,可能会引发火灾或爆炸事故。因此,定期检查氢气储存系统、管路和接头的密封性,确保无泄漏,是确保车辆和乘员安全的关键。同时,氢气储气瓶需要定期进行压力测试,以确保其能够在高压环境下安全工作。

1.1.2 保障系统高效运行

氢燃料电池系统是氢燃料电池汽车的核心,其性能直接决定了车辆的动力性能和续航能力。燃料电池堆、空气供应系统、氢气供应系统和冷却系统等子系统的工作状态需要定期检查和维护。例如,空气滤清器需要定期更换,以防止空气中的杂质进入燃料电池堆,影响其化学反应效率。冷却系统则需要定期检查冷却液的液位和质量,确保燃料电池堆能够在适宜的温度范围内工作。

1.1.3 延长车辆寿命

定期检查和保养有助于及早发现和处理潜在问题,防止小问题演变成大故障。例如,氢气管路和接头的密封性如果出现问题,早期可能只是轻微的泄漏,但如果不及时处理,泄漏量增加,会对燃料电池系统的工作效率造成影响,甚至引发安全事故。通过定期检查和维护,可以及时修复这些小问题,从而延长车辆的使用寿命。

1.1.4 降低维修成本

尽早发现和处理车辆的问题,能够有效降低维修成本。与传统内燃机汽车相比,氢燃料电池汽车的维修成本较高,尤其是核心的燃料电池系统,一旦出现重大故障,维修费用可能十分昂贵。定期检查和保养有助于预防故障的发生,从而减少维修频率和成本。

1.1.5 优化性能表现

定期检查和保养,可以确保氢燃料电池汽车始终处于最佳工作状态。通过及时更换空气滤清器、检查冷却系统、调整燃料电池堆的工作参数等措施,可以优化燃料电池的工作效率,提升车辆的动力性能和续航里程。同时,保持车辆良好的工作状态,也有助于提升驾驶体验和乘坐舒适性。

1.1.6 符合法规和质保要求

许多国家和地区对氢燃料电池汽车的检查和保养有明确的法规要求。定期进行符合标准的检查和保养,不仅是确保车辆安全和性能的需要,也符合法律法规的要求。此外,许多汽车制造商对氢燃料电池汽车提供质保服务,但前提是车主必须按时进行规定的检查和保养,否则质保服务可能失效。

1.1.7 促进技术发展和推广

氢燃料电池汽车作为一种新兴技术,需要在实际使用中不断积累经验,发现和解决问题。定期检查和保养,不仅是保障车辆正常运行的需要,也是收集数据、改进技术的重要手段。通过系统的检查和维护,可以发现设计和制造中的不足,为技术的改进和优化提供依据。同时,良好的维护记录和车辆表现,有助于提升消费者对氢燃料电池汽车的信心,

促进其推广应用。

1.2 车主在日常用车时需要自行检查和保养的项目

氢燃料电池汽车的车主在日常使用中需要注意一些基本的检查和保养项目，以确保车辆的安全和正常运行。首先，定期检查氢气储存罐和氢气管路的状态，尤其要注意是否有泄漏的迹象。可以通过嗅觉和视觉检查氢气泄漏的警示标志，确保没有任何氢气泄漏。

其次，定期检查冷却液的液位和质量，确保冷却系统正常工作，防止燃料电池堆过热。如果冷却液不足或变质，应及时补充或更换。

再次，车主还应注意空气滤清器的状态。空气滤清器在使用过程中容易积累灰尘和杂质，影响空气供应质量，进而影响燃料电池的效率。因此，建议车主定期检查空气滤清器，并根据使用情况适时更换。最后，定期检查车辆的电气系统，包括电池电量、充电状态和电气连接，确保电气系统的正常工作。保持车内清洁，特别是控制台和通风口的清洁，有助于保持车辆内部的空气质量和驾驶舒适性。通过这些日常的检查和保养，车主可以有效预防潜在问题，延长车辆使用寿命，确保氢燃料电池汽车的最佳性能。

1.2.1 燃料电池系统使用环境要求

燃料电池系统使用环境要求详见表 4-1。

表 4-1　　　　　　　　燃料电池系统使用环境要求

序号	项目	技术参数
1	使用海拔/m	≤3000
2	环境温度/℃	-20~45
3	运行环境湿度 RH/%	5~95
4	存储环境温度/℃	-30~65
5	氢气入口压力/MPa	2
6	空气入口压力/kPa	10~80
7	冷却剂入口压力/kPa	10~80
8	冷却剂入口温度/℃	-20~60

1.2.2 氢燃料电池汽车车主可以自行进行的检查和保养项目表

氢燃料电池汽车车主可以自行检查和保养的项目详见表 4-2。

表 4-2　　　　　　　车主可以自行进行的检查和保养项目表

序号	检查/保养项目	频率	具体操作
1	氢气储氢瓶和管路检查	每周	检查是否有泄漏的迹象,使用嗅觉和视觉检查氢气泄漏警示标志
2	冷却液检查	每日	检查冷却液的液位和质量,必要时补充或更换冷却液
3	空气滤清器检查	每月	检查空气滤清器是否有灰尘和杂质,必要时更换空气滤清器
4	电气系统检查	每月	检查电气系统的各个连接点,确保无松动或腐蚀
5	车内清洁	每周	清洁控制台和通风口,保持车内空气质量和驾驶舒适性
6	轮胎检查	每月	检查轮胎气压和磨损情况,确保轮胎状态良好

续表

序号	检查/保养项目	频率	具体操作
7	刹车系统检查	每月	检查刹车液液位和刹车片磨损情况,确保刹车系统正常工作
8	灯光检查	每周	检查前后灯光和信号灯是否正常工作
9	挡风玻璃和雨刮器检查	每月	检查挡风玻璃是否有裂痕,雨刮器是否有效工作
10	电池状态检查	每月	检查12V电池状态和充电情况,确保无腐蚀和连接牢固

 学习检查

请简单概括一下,作为一个氢燃料电池汽车的车主,在日常用车中,需要进行哪些简单的维护?

任务2　氢燃料电池汽车店内日常维护项目

 任务导入

氢燃料电池汽车的日常维护是确保车辆高效、安全运行的关键。与传统燃油车相比,燃料电池汽车的店内日常维护和保养有哪些方面的不同呢?

 任务目标

● **素质目标**

严格执行汽车检修规范,养成严谨科学的工作态度

培养良好的团队协作精神

严格执行5S现场管理

● **知识目标**

掌握燃料电池汽车店内日常维护的特点

掌握燃料电池汽车店内日常维护检查项目的操作规范

● **技能目标**

能够熟练进行氢气储氢瓶和管路、冷却液、空气滤清器、电气系统等项目的日常检查

能够进行简单的保养操作,例如更换空气滤清器、补充冷却液等

能够识别常见的故障现象,并及时采取措施进行处理或寻求专业帮助

 相关知识

氢燃料电池汽车的店内保养项目是确保其安全、可靠、高效运行的重要环节。接下来我们将详细探讨氢燃料电池汽车的店内日常维护项目。

2.1　空气供给系统的保养

氢燃料电池汽车的空气供给系统在提供氧气支持燃料电池电化学反应的过程中起着至

关重要的作用。为了确保空气供给系统的高效运行，定期的维护和保养是必要的。以下是空气供给系统的详细保养指南。

2.1.1 空气滤清器检查与更换

（1）定期检查

每月检查空气滤清器的状态。空气滤清器的主要功能是过滤进入燃料电池系统的空气中的灰尘、颗粒和其他杂质，确保纯净的空气供应。检查过滤器是否存在堵塞、损坏或污染等问题。

（2）清洁或更换

如果发现空气滤清器出现堵塞或污染，需要及时清洁或更换。使用压缩空气或专业的清洁工具清洁过滤器，确保其通风良好。如果过滤器已经损坏或无法彻底清洁，则应立即更换新的过滤器。

2.1.2 空气压缩机保养

（1）日常检查

每周检查空气压缩机的工作状态，确保其正常运行。空气压缩机是空气供给系统的重要组件，负责将外界空气压缩后输送至燃料电池系统。

（2）润滑和冷却

定期检查空气压缩机的润滑油和冷却系统。润滑油可以减少机械磨损，提高压缩机的效率和寿命。检查润滑油的液位和品质，必要时进行补充和更换。冷却系统的维护同样重要，确保冷却液的液位和品质，防止压缩机过热。

2.1.3 空气管道和接头检查

（1）定期检查

每月检查空气管道和接头的密封性和连接状况。空气管道负责将压缩后的空气输送至燃料电池系统，确保管道无泄漏、无裂缝、无松动。

（2）紧固和更换

如果发现管道或接头存在松动、裂缝或泄漏现象，及时进行紧固或更换。使用专业的密封材料和工具，确保连接处的密封性。

2.1.4 空气质量传感器校准

（1）传感器校准

每季度校准空气质量传感器。空气质量传感器用于监测进入燃料电池系统的空气质量，确保其符合燃料电池的工作要求。定期校准传感器，保证数据的准确性和可靠性。

（2）传感器维护

定期检查传感器的工作状态，清洁传感器探头，防止污垢和污染物影响其测量精度。如果传感器出现故障或损坏，及时进行维修或更换。

2.2 氢气供给系统的保养

氢气供给系统是氢燃料电池汽车的重要组成部分，负责为燃料电池提供氢气，确保电化学反应的顺利进行。为了保证氢气供给系统的安全、高效和可靠运行，定期的店内保养是至关重要的。以下是氢气供给系统的详细保养指南。

2.2.1 氢气储氢瓶及配件检查

（1）氢气储氢瓶外观检查

每月检查氢气储氢瓶的外观，确保储氢瓶表面无损伤、腐蚀或其他明显的物理缺陷。储罐是存储高压氢气的关键部件，其完好性直接关系到系统的安全性。

（2）氢气储氢瓶压力检测

每周检查氢气储氢瓶的压力，确保其在安全范围内。使用专业的压力检测设备测量储氢瓶的压力值，并与规定的标准值进行对比，及时调整异常压力。

（3）安全阀检查

每月检查储氢瓶的安全阀，确保其灵敏可靠。安全阀是防止储氢瓶超压的重要装置，定期测试其工作状态，必要时进行清洁或更换。

2.2.2 氢气管路和接头维护

（1）氢气管路检查

每月检查氢气管路的完好性和密封性，确保管路无裂缝、无泄漏。使用氢气泄漏检测仪对管路进行检测，发现泄漏点及时修复。

（2）管路连接检查

每月检查管路连接部位的密封情况，确保接头处无松动、无泄漏。使用专业工具紧固接头，必要时更换密封垫圈或其他密封材料。

2.2.3 氢气加注系统保养

（1）加注口检查

每月检查氢气加注口的完好性和密封性。加注口是氢气加注的重要接口，检查其密封圈和防尘盖，确保无磨损、无泄漏。

（2）加注设备检查

每月检查加注设备的工作状态，确保其运行正常。包括加注枪、加注管路和加注控制系统，定期进行清洁和维护，确保加注过程安全高效。

（3）加注过程监控

每次加注氢气时，监控整个加注过程，确保无泄漏、无异常。使用监控设备记录加注数据，及时发现并处理异常情况。

2.2.4 氢气净化系统维护

（1）净化设备检查

每月检查氢气净化设备的工作状态，确保其运行正常。净化设备负责去除氢气中的杂质，确保供给燃料电池的氢气纯度。检查净化器滤芯和吸附材料，必要时进行更换。

（2）净化系统清洁

每季度对氢气净化系统进行全面清洁，防止杂质积累影响系统性能。清洁过程中，使用专业工具和清洁剂，确保设备内部和管路的清洁。

2.2.5 控制系统与传感器校准

（1）控制系统检查

每月检查氢气供给系统的控制系统，包括压力控制器、流量控制器和温度控制器等。确保控制系统工作正常，数据准确。必要时进行软件升级和参数调整。

（2）传感器校准

每季度校准氢气供给系统的传感器，包括压力传感器、流量传感器和温度传感器等。传感器是监控系统运行状态的重要部件，定期校准可以保证数据的准确性和可靠性。

2.3 冷却系统的保养

氢燃料电池汽车的冷却系统是确保燃料电池和相关组件在合适温度范围内运行的关键。为了保证冷却系统的高效和可靠运行，定期的店内保养是必要的。以下是燃料电池冷却系统的详细保养指南。

2.3.1 冷却液检查与更换

（1）冷却液液位检查

每周检查冷却液液位，确保液位在规定范围内。冷却液不足可能导致系统过热，影响燃料电池的性能和寿命。

（2）冷却液质量检测

每季度检测冷却液的质量，包括冷却液的 pH、冰点和沸点等参数。使用专业检测仪器进行检测，确保冷却液的各项指标符合标准。如果冷却液出现变质或性能下降，需要及时更换。

（3）冷却液更换

每年或按制造商建议的时间间隔进行冷却液的全面更换。更换时需要彻底清洗冷却系统，防止旧液中的杂质残留影响新冷却液的性能。

2.3.2 冷却系统管路与接头检查

（1）冷却管路检查

每月检查冷却系统的管路，确保无裂缝、无泄漏。冷却管路的完好性直接关系到冷却液的循环和系统的散热效果。

（2）管路连接检查

每月检查冷却管路连接处的密封性，确保接头处无松动、无泄漏。使用专业工具紧固接头，必要时更换密封垫圈或其他密封材料。

（3）管路清洁

每半年对冷却管路进行清洁，防止杂质和沉积物堵塞管路，影响冷却液的流动。使用专业的清洁剂和设备，确保管路内部洁净。

2.3.3 散热器与风扇保养

（1）散热器检查与清洁

每月检查散热器的外观，确保无堵塞、无损坏。散热器是冷却系统的重要组件，其性能直接影响燃料电池的温度控制。使用高压空气或水枪清洁散热器表面，去除灰尘和杂质。

（2）风扇检查

每月检查冷却风扇的工作状态，确保其运转正常。风扇负责加速空气流通，增强散热效果。检查风扇的电机、叶片和电气连接，必要时进行维修或更换。

（3）散热器性能测试

每半年进行散热器性能的测试，确保其散热效率符合要求。测试包括进出水温度差、冷却液流速和风扇转速等参数,确保系统在各种工况下都能有效散热。

2.3.4 水泵与冷却系统控制装置检查

(1) 水泵检查与维护

每月检查冷却系统水泵的运行状态,确保其正常工作。水泵负责推动冷却液循环,维持系统的散热效果。检查水泵的电机、叶轮和轴承,必要时进行润滑或更换。

(2) 冷却系统控制装置检查

每季度检查冷却系统的控制装置,包括温度传感器、控制模块和相关电气连接。确保控制装置准确监控系统温度,并根据需要调节水泵和风扇的工作状态。

(3) 温控阀门检查

每季度检查温控阀门的工作状态,确保其正常开启和关闭。温控阀门用于调节冷却液流量,维持系统温度在合理范围内。检查阀门的灵敏度和密封性,必要时进行维修或更换。

2.4 空调系统的保养

氢燃料电池汽车的空调系统需要定期保养以确保其高效运行和乘客舒适度。主要保养项目包括:每月检查和清洁空调滤芯,确保空气流通顺畅;每季度检查制冷剂的液位和压力,确保制冷效果;每半年清洁和检查空调蒸发器和冷凝器,防止灰尘和杂质积累影响系统性能;同时定期检查和润滑空调压缩机及其皮带,确保其正常运转。通过这些维护措施,可以延长空调系统的使用寿命,并确保其在各种环境条件下的可靠性。

2.5 DC/DC 转换器的保养

定期检查 DC/DC 转换器的连接和散热状况,清洁散热器和风扇,确保其高效稳定运行。

2.6 氢燃料电池汽车店内日常维护项目

氢燃料电池汽车店内日常维护项目详见表 4-3。

表 4-3　　　　　　　　氢燃料电池汽车店内日常维护项目

任务	频率	备注
氢气泄漏检测	每日	使用氢气泄漏检测仪
燃料电池系统检查	每周	包括电池堆、空气压缩机等部件
氢气储氢瓶压力检查	每日	确保储氢瓶压力在安全范围内
冷却系统检查与维护	每月	检查冷却液水平和泵的工作状态
电池管理系统(BMS)检测	每周	通过诊断软件检测 BMS 状态
高压电缆和连接器检查	每月	检查高压电缆的磨损和连接状况
软件更新与系统诊断	每季度	更新控制软件,进行系统全面诊断
安全设备和传感器校准	每月	校准所有安全传感器和设备
空气滤清器检查与更换	每月	清洁或更换空气滤清器
车辆整体性能测试	每季度	进行全面性能测试
氢燃料电池系统冷启动测试	每月	检查低温启动性能
车辆制动系统检查	每月	检查刹车片、刹车盘及制动液
导电冷却液检查与补充	每月	检查并补充导电冷却液
底盘及悬挂系统检查	每月	检查底盘和悬挂系统的磨损和损坏情况

续表

任务	频率	备注
轮胎气压和磨损检查	每周	检查轮胎气压和胎面磨损情况
燃料电池堆的电压和电流检测	每周	记录燃料电池堆的电压和电流
车载诊断系统(OBD)检查	每月	通过OBD接口进行故障码读取和诊断
氢气加注系统检查	每月	检查加氢口及相关配件的状况
电动机及控制器检查	每月	检查电动机和控制器的运行状态
通信系统和导航系统检查	每月	检查车辆通信和导航系统的正常运行
氢气压力调节器检查	每月	检查压力调节器的工作状态
驾驶舱内部电子设备检查	每月	检查仪表盘、显示屏等电子设备
车载空调系统检查与维护	每月	检查空调系统的制冷和加热功能
高压电池系统绝缘检查	每月	检查高压电池系统的绝缘状况
车载软件系统优化	每月	优化车载软件系统,提升性能
DC/DC转换器	每月	检查链接和散热情况

学习检查

请简述,燃料电池汽车为什么要进行日常维护。

任务3 氢燃料电池汽车保养周期与内容

任务导入

氢燃料电池汽车保养周期与内容是确保车辆高效、安全运行的重要环节。保养任务包括定期检查和维护燃料电池系统、动力电池、储氢系统、电机系统及其辅助系统的各项功能,确保各系统正常运作,及时发现和处理潜在问题,延长车辆使用寿命,提高运行效率,保障行车安全。那么,它与传统燃油车的保养存在哪些不同?氢燃料电池汽车该如何进行定期保养呢?

任务目标

• 素质目标

提高安全意识,了解氢燃料电池汽车的特性和潜在风险,在保养过程中严格遵守安全操作规程,确保自身和他人的安全

提高环保意识,理解氢燃料电池汽车的环保优势,并宣传推广氢燃料电池汽车的应用

提高团队合作意识,与其他工作人员协作配合,共同完成保养任务,确保车辆维护的质量和效率

• 知识目标

了解氢燃料电池系统、动力电池、储氢系统、电机系统等关键部件的功能和相互作用,以及氢燃料电池汽车与传统燃油车的区别

了解不同保养周期对应的保养项目，包括更换项目、检查项目和诊断项目，以及每个项目的具体操作步骤和注意事项

• **技能目标**

根据保养周期表和保养内容，独立完成更换项目、检查项目和诊断项目，确保车辆各系统正常运转

能够通过观察和诊断，识别氢燃料电池汽车常见的故障现象，并采取相应的措施进行排除或修复

相关知识

随着环保意识的增强和能源转型的推进，氢燃料电池车辆逐渐成为未来交通的主力之一。与传统燃油车相比，氢燃料电池车辆具有零排放、零噪声和高能效等诸多优点。然而，要保证氢燃料电池车辆的长期健康运行，正确的维护和保养是不可或缺的。

3.1 定期检查和保养

① 检查氢燃料电池系统：定期检查氢燃料电池系统的密封性和泄漏情况。确保氢气储存罐和氢气传感器工作正常，如果发现漏氢现象，应立即停止使用并联系专业技术人员进行检修。

② 检查氢气充电系统：保持气充电口的清洁，并检查气充电系统的安全性能。确保加氢装置和供氢系统工作正常，规范操作充电过程。避免在非指定加氢站进行充氢，以确保加氢的安全性。

③ 检查电池系统：定期检查电池系统的电量和性能。确保电池组装和连接正常，避免电池组装位置过热或过冷。

④ 检查车辆的其他系统：包括制动系统、悬挂系统和轮胎等。定期检查这些系统的工作状态，避免故障和事故发生。

3.2 正确使用和操作

① 室温下启动车辆：氢燃料电池车辆在启动时需要一定的温度。确保车辆停放在适宜的环境中，不要在极寒或极热的条件下启动。

② 正确的驾驶习惯：避免突然且剧烈的加减速，从而减少对氢燃料电池系统的压力。注意合理行驶，减少急刹车和急转弯，以延长氢燃料电池系统的寿命。

③ 正确的充氢操作：在充氢站充氢时，遵守操作规程和安全规定。禁止用力敲击或撞击充氢口，避免因操作不当导致氢气泄漏。

④ 防止过度放电：避免将氢燃料电池车辆过度放电，影响电池的寿命。一般情况下，车辆电量应保持在 20% 以上。

3.3 保护车辆外观

① 保持清洁：定期清洗车辆表面，特别是车轮和底盘。氢燃料电池车辆一般比传统燃油车更重，因此更容易受到泥泞、灰尘和化学物质的腐蚀。定期清洗可以保持车辆的外观，延长使用寿命。

② 防止酸雨和化学物质的侵蚀：存放车辆时应选择遮阳的停车位，以防止酸雨和化学物质对车辆外表造成损害。

③ 防护车辆漆面：涂覆车身以及其他易磨损的部位，以保护车辆漆面免受碰撞、磨损和颜色褪色的影响。

3.4 遵守安全规定

① 防火措施：在氢燃料电池车辆的维护和保养过程中，尽量避免火源接近，防止火灾事故发生。禁止在氢气充电口周围吸烟或使用明火。

② 预防静电：在接触氢燃料电池车辆时，确保自身带有消除静电的设备，以减少静电对氢气和电池产生潜在危险。

③ 紧急处理：如果发现氢燃料电池车辆出现氢气泄漏或其他紧急情况，应立即联系专业技术人员，采取适当的紧急处理措施。

3.5 保养周期

燃料电池汽车保养项目及其周期见表 4-4。

表 4-4　　　　燃料电池汽车保养项目及其周期表

序号	项目内容	5000km 或 3 个月	10000km 或 6 个月	20000km 或一年
更换项目				
1	燃料电池冷却液体	●	●	●
2	空气滤清器	●	●	●
3	制动液	●	●	●
4	驱动电机冷却液	●	●	●
5	储氢瓶检查	●	●	●
6	燃料电池空气滤清器	●	●	●
7	燃料电池系统泄漏点检查	●	●	●
8	电池组冷却液	●	●	●
检查项目				
1	燃料电池堆状态检测	●	●	●
2	氢气管路和接头	●	●	●
3	电机系统检查	●	●	●
4	动力电池组状态检测	●	●	●
5	制动系统检查	●	●	●
6	悬挂系统检查	●	●	●
7	轮胎气压和磨损检查	●	●	●
8	电控系统软件更新		●	●
9	车灯、喇叭、刮水器、喷水器	●	●	●
10	空调系统		●	●
11	转向盘、连杆和转向机壳		●	●

续表

序号	项目内容	5000km 或 3 个月	10000km 或 6 个月	20000km 或一年
	检查项目			
12	制动管和软管		●	●
13	加速踏板	●	●	●
14	制动踏板和驻车制动器	●	●	●
15	制动摩擦衬片和制动鼓		●	●
16	制动摩擦衬块和制动盘	●	●	●
17	制动液	●	●	●
18	冷却和加热系统		●	●
19	排气管和装配件		●	●
20	电池系统	●	●	●
21	高压电路和连接检查	●	●	●
22	车载电子系统诊断		●	●
23	燃料电池系统诊断		●	●

3.6 保养内容

燃料电池汽车保养内容见表 4-5。

表 4-5　　　　　　燃料电池汽车保养内容

序号	保养项目	保养内容	注意事项
1	燃料电池系统诊断	使用专用设备进行燃料电池系统的故障代码读取和性能评估,检查堆栈电压、电流、温度等	确保系统在最佳工况下运行,避免系统故障
2	氢气管路和连接件检查	检查氢气储存罐、管路、连接件的完整性及密封性,确认无泄漏风险	使用氢气检测设备,严禁明火和静电接触
3	储氢瓶检查	检查储氢瓶的物理状态,检测是否存在磨损、腐蚀或损坏	储氢瓶是高压容器,必须由专业人员进行检查和维护
4	冷却系统维护	更换燃料电池冷却液,检查冷却系统的管路、散热器和泵的状态,确保无泄漏	使用制造商推荐的冷却液,确保冷却系统正常工作
5	电池系统检查	检查 12V 电池及高压电池的状态,确保电压、电流在正常范围内	检查电池组及其连接的安全性,防止意外断电或过热
6	高压电路和连接检查	检查高压电路的绝缘性和连接稳定性,确认没有老化、松动或损坏	高压电路检查需要专业设备和防护措施,避免触电风险
7	电动机和逆变器检查	检查电动机及逆变器的工作状态,评估电流、电压和温度的正常性	重点检查电动机轴承及逆变器冷却系统,避免过热损坏
8	刹车系统维护	更换刹车液,检查刹车片和刹车盘的磨损情况,确保刹车系统正常运行	刹车系统维护是安全保障,需使用推荐的刹车液
9	悬挂系统检查	检查悬挂系统的弹簧、减震器和连杆是否正常工作,有无松动或泄漏	确保车辆操控性和舒适性,避免悬挂系统老化导致行车危险
10	车轮定位和平衡	检查并调整车轮定位,进行车轮平衡,确保轮胎磨损均匀和行驶稳定性	定期进行车轮定位和平衡,有助于延长轮胎寿命并提高行驶稳定性

续表

序号	保养项目	保养内容	注意事项
11	空气滤清器和空调系统维护	更换空气滤清器,检查空调系统的冷媒水平,确保空调系统正常制冷和空气质量	空气滤清器定期更换可提高车内空气质量,建议在尘土较多地区增加更换频率
12	车载电子系统诊断	使用诊断设备检查车载电子系统的运行状况,包括导航、音响、安全系统等	电子系统的正常运行是车辆舒适性和安全性的保障
13	软件升级与校准	检查并升级车辆的控制软件,包括燃料电池管理系统、电池管理系统等	通过最新软件保持系统的高效和安全,需遵循制造商的建议
14	车身和底盘检查	检查车身和底盘的腐蚀、锈蚀情况,特别关注底盘的保护涂层和螺栓紧固状态	车身和底盘的健康直接关系到车辆的整体寿命和安全性
15	空调系统检查	检查空调系统的冷媒水平,清洁或更换空气滤清器,确保空调系统正常运行	定期维护空调系统,提高车内空气质量及制冷效果

 学习检查

燃料电池汽车的常规保养包含哪些部分?

实训:氢燃料电池汽车维修与维护

所需课时:2课时

实施形式:分组实训,每组3~6人

实训地点:××实训室

指导教师:1~2人

1. 实训目的及要求

(1) 掌握氢燃料电池汽车的日常维修与维护内容

(2) 能按照工艺规范要求对氢燃料电池汽车进行日常维修与维护

2. 实训设备及工具

(1) 设备:氢燃料电池汽车

(2) 工具:常用工具1套、安全防护装备1套

3. 实训内容

(1) 氢燃料电池汽车的日常维护

(2) 氢燃料电池汽车周期维修与维护作业

4. 实训操作个人防护

(1) 带电工作时需穿戴橡胶绝缘手套、安全帽、劳动保护鞋、护目镜等进行操作

(2) 使用工具需规范操作,禁止随意摆放

(3) 设备拆装测试需先断电操作

(4) 使用设备前仔细阅读说明书注意事项

（5）拆装测试前使用万用表测量设备是否带电

5. 氢燃料电池汽车实训作业安全规定

（1）氢燃料电池汽车维修与维护作业场地顶部存在气体易聚集处，应安装防爆排风装置及氢气浓度检测报警装置

（2）氢燃料电池汽车的维修维护作业应在燃料电池系统完全停机后进行

（3）对氢燃料电池汽车的涉氢管路进行紧固、拆装或调整时，应对供氢管路进行排空，并使用防爆工具

（4）对氢燃料汽车进行动火作业时，应确保管路或动火区域内氢气体积分数在安全范围内

（5）在氢燃料汽车气瓶附近进行动火作业时，应先拆下气瓶，放入专用区域保管，或用挡板、石棉布等对气瓶进行有效隔离后方可进行作业

6. 氢燃料汽车涉氢专用装置的日常维护作业项目

（1）氢燃料汽车周期维护作业项目及要求如表4-6所示

（2）氢燃料汽车涉氢专用装置的周期维护作业项目及要求如表4-7所示

表 4-6　　　　　　　　氢燃料汽车周期维护作业项目及要求

序号	作业项目	作业要求及操作步骤	图片示例
1	仪表、信号指示装置	检查动力电池SOC或参考行驶里程示值情况，示值应符合汽车生产企业公开的维修技术信息中的规定，并应视情进行加氢	
2	燃料电池系统	①检查系统运行状况，系统运行时应无异响； ②检查空气进气口和混排出口，应无异物； ③检查燃料电池系统开关机时长，开关机时长应符合汽车生产企业公开的维修技术信息中的规定； ④检查冷却系统管路，应无泄漏； ⑤检查燃料电池系统冷却液液位高度，视情补给，液位高度应符合汽车生产企业公开的维修技术信息中的规定	
3	车载供氢系统	①检查氢气加注口，防尘盖应完好，锁闭有效； ②检查氢气加注口防尘盖旁边标示的加注介质名称、加注公称压力和氢气瓶使用期限等信息，应清晰、完整； ③检查氢气瓶及氢气瓶固定支架外观，应无损伤、锈蚀、裂纹和变形	

续表

序号	作业项目	作业要求及操作步骤	图片示例
3	车载供氢系统		

表 4-7　氢燃料汽车涉氢专用装置的周期维护作业项目及要求

序号	作业项目	作业要求及操作步骤
1	燃料电池系统	①检查系统安装固定情况,应固定牢固,紧固螺栓的拧紧力矩应符合车辆维修保养手册要求,固定件表面应无锈蚀、裂纹和变形; ②检查空气滤清器进口,应无异物,定期更换空气滤清器; ③检查高低压插接件,接口应清洁,无烧蚀、水迹,无破损、松动; ④检查高低压线束,应无破损; ⑤检查冷却系统管路,应固定牢固; ⑥按汽车生产企业公开的维修技术信息中的规定,定期检测冷却液电导率、冰点,并视情更换冷却液,所更换的冷却液规格型号应符合其规定; ⑦按汽车生产企业公开的维修技术信息中的规定和方法,定期更换去离子罐,更换后冷却液的电导率应符合其规定; ⑧按汽车生产企业公开的维修技术信息中的规定和方法,定期清洗、更换、空气滤清器和冷却液滤清器; ⑨按汽车生产企业公开的维修技术信息中的规定和方法,定期对燃料电池系统进行活化操作,活化后燃料电池系统性能应符合其规定
2	车载供氢系统	①检查氢气瓶、安全阀检定合格证,应在有效期内; ②使用检漏液或气体检测仪检查连接管路的气密性。使用检漏液进行检测时,氢气管路应满足 3min 内不出现起泡的要求,使用气体检测仪进行检测时,氢气泄漏速率应满足 GB/T 24549—2020 的规定; ③按照汽车生产企业公开的维修技术信息中的规定,定期对浓度传感器进行校验,并视情更换,氢浓度传感器读数与校准用标准气体浓度误差不应超过±15%; ④按照汽车生产企业公开的维修技术信息中的规定和方法,定期更换系统过滤器,更换后氢系统功能应符合其规定; ⑤按照汽车生产企业公开的维修技术信息中的规定和方法,定期更换气加注口 O 型圈,更换后密封性应符合其规定; ⑥检查氢气加注口,应无油污、灰尘,防尘盖旁边标示的加注介质名称、加注公称压力和储氢瓶使用期限等信息应清晰、完整; ⑦检查高压管路、氢气加注口的接地情况,应接地可靠,防静电措施有效; ⑧检查车载供氢系统最高、最低温度值和氢浓度传感器显示值,应符合汽车生产企业公开的维修技术信息中的规定; ⑨检查车载供氢系统的压力表,读数应符合汽车生产企业公开的维修技术信息中的规定; ⑩检查泄压系统的安全泄压装置,应符合 GB/T 24549—2020 的规定

7. 氢燃料电池汽车日常维修技术标准

（1）燃料电池系统

① 外观及绝缘。

a. 所有零部件及壳体表面应无异常变形和破损，无明显积尘或杂物，且干燥，无磕碰及损坏，无渗漏。

b. 托架结构和固定件表面无断裂、异常变形和锈蚀。

c. 高低压接口内部应无水迹、烧蚀等痕迹，低压通信接口端子应无变形或松动现象。

d. 高低压线束、接线柱及插接件的连接应固定可靠、无松动，外观无破损，与车辆运动部件无干涉，接插件清洁、无破损。

e. 燃料电池系统输出端绝缘电阻值应符合汽车生产企业公开的维修技术信息中的规定。

② 氢气子系统。

a. 氢气子系统零部件及管路应固定牢固，固定点安装应进行绝缘处理，管路与高低压线束不接触。

b. 氢浓度检测报警功能应正常。

③ 空气子系统。

a. 空气滤清器进口应无异物。

b. 尾排出口应无堵塞或遮挡。

④ 冷却子系统。

a. 散热器外观应清洁，无异常渗漏，散热器芯体应无积尘、柳絮、树叶等杂物。

b. 冷却管路连接处应无异常渗漏。

c. 冷却液液面高度应符合汽车生产企业公开的维修技术信息中的规定。

d. 冷却液电导率及冰点，应符合车辆维修保养手册的规定。

e. 散热器芯体及散热器管路对整车框架的绝缘电阻值应符合汽车生产企业公开的维修技术信息中的规定。

（2）车载供氢系统

① 车载供氢系统固定支架应无裂痕、变形等异常现象。

② 氢气子系统管路接头应避开保险盒、蓄电池等可能产生电弧位置。

③ 储氢瓶和管路的热绝缘保护装置应完好有效。

④ 高压管路、氢气加注口应接地可靠，防静电措施应有效。

⑤ 氢气加注口的防尘帽应完好，锁闭应有效。

⑥ 氢气加注口标识牌上的加注介质、工作压力和气瓶使用期限等信息应清晰、完整。

⑦ 车载供氢系统的压力表读数应符合汽车生产企业公开的维修技术信息中的规定。

⑧ 加注接口、加注口压力表、主电磁阀、减压阀、安全阀、放空阀及各接头等的气密性应符合汽车生产企业公开的维修技术信息中的规定。

⑨ 氢气管路的气密性应满足使用检漏液检测时，氢气管路 3min 内不出现起泡的要求，氢气泄漏速率应满足 GB/T 24549—2020 的规定。

⑩ 泄压系统的安全泄压装置应符合 GB/T 24549—2020 的规定。

8. 实训考核方式及评价标准

(1) 实训考核方式

① 结果成绩(满分40分)。

a. 在规定时间内能完成车辆的日常维护及周期维修与维护作业,且试运转成功。

b. 维修与维护作业达到工艺标准要求,安全规范操作。

c. 文明安全操作,没有安全事故。

② 过程考核(满分40分)。

③ 实训报告质量(满分20分)。

(2) 实训过程打分评价标准(表4-8、表4-9)

表4-8 实训过程打分评价标准

评分内容	标准满分分值	自我评分(30%)	班组评分(30%)	教师评分(40%)
是否遵守实训纪律(有无迟到早退等现象)	2			
是否领会实训内容,及操作流程(有无课前预习)	4			
工作流程、工艺水平操作是否规范(是否发生安全事故)	6			
是否在规定时间内完成及完成质量	10			
是否独立完成或是小组核心成员	6			
实训过程记录是否如实详尽	6			
是否遵守安全规程,做到环保节约,做到文明生产实训	4			
对实训内容提出合理性建议或评价	2			
总分	40			

表4-9 整体打分评价标准

序号	项目要求	满分	记录	得分
1	分工情况	10		
2	协作情况	10		
3	准备工作	10		
4	具体拆卸情况	20		
5	工件摆放	10		
6	工具使用	10		
7	是否按要求进行	10		
8	装配顺序	10		
9	是否有疏漏	10		
	总体评价	100		

(3) 实训记录（表4-10）

表4-10　　　　　　　　　　　实训记录表（分组实训）

班级		日期	年　月　日　午　第　节	指导老师	
实训内容					
实训过程记录					
设备检查记录					
分组学生签名					
备注	1. 实训中要严格遵守《操作规程》《实训室管理制度》等规章制度，严防安全事故发生。 2. 实训前发现设备故障(除已登记尚未维修的外)，及时向实训指导教师报告。 3. 实训结束后，指导教师需认真检查实训设备、关闭电源、锁好门窗。 4. 完整填写《实训记录表》并存档。				

(4) 实训报告提要

① 实训名称

② 所属课程名称

③ 学生姓名、学号、合作者及指导教师

④ 实训日期和地点（年、月、日）

⑤ 实训目的

⑥ 实训原理

⑦ 实训内容

⑧ 实训步骤

⑨ 实训结果

⑩ 实训收获和不足

项目五

氢燃料电池汽车安全管理与操作规范

任务1 氢燃料电池汽车安全管理

任务导入

氢燃料电池汽车作为一种新型能源汽车,在推广使用的同时,其安全管理尤为重要。了解和实施正确的安全管理措施,不仅能够防止事故的发生,还能确保乘员和操作人员的安全。在本任务中,我们将深入学习氢燃料电池汽车的安全管理要点,包括氢气泄漏监测、应急响应和安全防护措施等。

任务目标

- **素质目标**

培养操作人员高度的安全意识,树立"安全第一"的理念,杜绝操作中的麻痹大意和违规行为

增强操作人员的责任心,确保每次操作和维护都严格按照规范执行,减少事故发生的可能性

提升团队协作能力,在紧急情况下能够迅速、高效地与他人配合,妥善应对突发事件

- **知识目标**

掌握氢燃料电池汽车的安全管理基础知识

学习氢燃料电池汽车的安全监测系统和应急预案

- **技能目标**

培养实施和维护氢燃料电池汽车安全管理措施的能力

具备正确操作氢燃料电池汽车的技能,包括启动、驾驶、停放、充氢等操作

具备初步的故障诊断与排除技能,能够及时发现并解决一般性故障

能够迅速应对氢气泄漏、火灾等突发事件,确保自身和他人安全

相关知识

1.1 氢燃料电池电动汽车日常使用安全注意事项

1.1.1 氢燃料电池电动汽车行驶过程中的安全

(1) 行车前后的日常检查

如同其他所有车辆一样，每次出车前驾驶人员都需要对燃料电池电动汽车进行必要的日常检查，主要包括巡视车辆四周环境及车辆外观、车辆灯光是否正常，车窗、车玻璃及各反光镜状态是否正常，胎压是否正常，制动片状态是否正常，燃料电池运行状态是否正常，以及车辆余氢及余电数等基本车况信息。另外，货运车的货厢以及乘用车的座位是否清洁、是否有异常，也必须检查。

除以上常规检查，对于燃料电池运营车辆，运营驾驶员还需要在出车前对燃料电池电动汽车上裸露在外的供氢系统部件做目视检查，主要包括目测高压储氢瓶表面是否有损伤，连接管路和主要接口是否完好，以及氢系统框架是否有裂缝、变形等异常现象。另外，在管路供氢状态下使用肥皂水或检漏液检查氢系统的气密性，主要包括加注接口、加注口压力表、主电磁阀、减压阀、安全阀、放空阀及各接头等，用于提前发现和防止由于设备原因导致氢气轻微泄漏事故的发生。

每次行驶完毕，驾驶员需要对车况做复检，主要包括：车辆外观是否正常，车辆供氢系统的外露管路及接口是否正常，氢系统的框架结构是否正常，货运车的货厢及乘用车内是否有异常的人或物体遗留下来等，确认是否影响到车辆的停放安全。

（2）行车及用车过程中的安全

氢燃料电池电动汽车驾驶人员必须遵守交通法规，避免交通违法行为是对行车用车安全的基本保障。

车辆应严格按照整车产品使用说明书操作。对于燃料电池运营车辆，驾驶员在上岗之前针对燃料电池电动汽车的使用必须接受专业知识培训，学会使用车辆，学会认识必要的车上标识，以便提高行车及用车安全。

氢燃料电池电动汽车启动后，应先查看仪表盘气瓶压力和温度数据是否正常，有无故障报警，确认无故障后车辆方可起步行驶。

氢燃料电池电动汽车的底部多为电子元器件，且很多涉及高压线路，对潮湿的空气及溅水较为敏感，因此在日常行车中应尽量避免涉水行驶。涉水行驶轻则易使车辆因高压绝缘故障而抛锚，重则对车辆的重要高压部件造成不可逆的损坏甚至当场报废。

遇积水达到车辆限定涉水深度的50%时，建议限速20km/h行驶，防止水波及溅水的冲刷导致车辆故障损坏；遇积水达到车辆限定涉水深度的70%时，建议绕行。如必须通过，建议限速5km/h行驶，并观察水位是否上升，防止涉水深度超过车辆规定的涉水深度。对于有涉水经历的车辆，事后需尽快联系车辆维修部门进行车辆检查，排除隐患。

氢燃料电池货运车除经过特殊设计改造的，不得承运易爆易燃、易腐蚀物品以及《危险货物运输规则》列明的危险物品。严禁司乘人员携带易燃易爆等物品上车，避免发生火灾，引起氢气泄漏、爆炸等次生灾害。

对于氢燃料电池公交车，如果其储氢瓶组位于车辆顶部，车辆在行驶过程中需注意限高杆、路牌、桥梁和树干等，防止刮伤气瓶及其组件导致氢气泄漏。

车辆在行驶过程中，驾乘人员要及时关注车辆仪表报警情况，发生氢气泄漏等问题时，要及时处理。

1.1.2 氢燃料电池电动汽车停车过程中的安全

在当前的技术条件下，建议燃料电池电动汽车单独存放，与内燃机及纯电动汽车分开停放，并确保车辆外观整洁干净。同时，如果场地内有载货车辆，也需要将燃料电池电动汽车单独停放，与其他空车分区域停放管理。

氢燃料电池车辆气罐中如已加注氢气，建议停放于露天场地，确保场地、通道通风条件良好。

停车场地需确保通风条件良好，场内通道必须确保畅通，不得堆放其他杂物。停车场应远离加油站、加气站、热源、潮湿、可燃设施/可燃物质堆放区域、腐蚀性气体以及灰尘较大的地方。同时还应避免其他车辆或移动的物体对车辆造成撞击或挤压，防止意外事件的二次影响。

对于大规模停车场，建议配备24小时专职安保人员，并设定全天候的巡查安保制度。场地内设置合理的监控设施，确保场内无死角。场地内需注明行车导流标志，临时停车、维修车位、充电停车等区域建议与常规的停车区域分开，做到分区管理。燃料电池电动汽车停车场地内不得设置人员宿舍，外来人员及车辆进出必须做好相应的登记工作。

场地内停有燃料电池电动汽车时，尽量减少停车场地内的车辆维修，严禁对场内周边建筑物做明火、切割、装修等作业。燃料电池电动汽车停车场地内，禁止吸烟，并在醒目位置张贴禁烟标志。如有需要，必须在场地内设立独立的吸烟区并远离停车区域至少10米。如条件允许，燃料电池电动汽车场地外张贴禁止燃放烟花爆竹标志。专用停车场应排水、通风良好，不能选择低洼地做停车场。场地极端积水高度不得高于车辆涉水高度的一半。

氢燃料电池汽车存放期间，车辆加氢口必须盖上帽盖，防止雨水及灰尘侵入，同时必须确保加氢口舱门处于锁闭状态。

任何车辆进入停车场地后，行车速度建议限速5km/h，停车时建议车头向通道，同时需要兼顾前后左右车辆方便进出，以及确保各处车门均能正常开启。

车辆在停放期间，需要确保车辆的排氢管路畅通，不得使用如油布之类的覆盖物，避免因空气不流畅导致微量外泄的氢气聚集，引发安全事故。

燃料电池电动汽车的停车场地，应避开高压电线及变电站等电力设施，电力设施可能产生的火花对燃料电池电动汽车的存放具有较大安全隐患。

停车场内按规定配置有效的消防器材及灭火设备，未经批准，严禁对车场内的灭火器材及设备私自挪用或改变用途。每月对停车场消防器材进行检点，发现问题及时整改。停车场内应按规定配置不小于35kg的推车式干粉灭火器，设置密度不小于每50个车位一套。大型停车场内还需配置固定的消防栓+消防箱（50m消防水带1根、灭火水枪1具），设置密度不小于每200个车位一套。停车场每年至少举行一次大型消防演习及消防安全大检查，重点检查车辆停放场所的消防通道、消防设施、消防标识、安全制度是否达到技术规范要求。力求通过消防演习和消防大检查，加强公司全员消防安全意识，做到保安全促效益。

对于运营用燃料电池车辆，建议集中存放，集中管理，存放位置要远离加油站、加气站、热源、火源、腐蚀性气体、非密闭空间、潮湿的地方，同时还应避免尖锐物体的撞击、挤压。

若燃料电池电动汽车存放于厂房、车库等非露天环境，则存放场所顶部应有自然通风或强制排风等防止氢气聚积措施，厂房内电器设备应采用防爆设备，且厂房顶部应配备氢泄漏探头等安全监控装置。

整车存放前注意按照燃料电池正常关机程序进行吹扫，保证堆内无残留水分；整车存放前需对存放车辆进行测漏，存放期间每月至少测漏一次。预期存放时间超过一个月的车辆应断开快断器；长期停驶存放的汽车应关闭电源主开关，车上氢燃料储存压力应释放至厂商规定的最低值。运营车辆如果长期停驶存放，应由专业人员定期对车辆进行检查、维护，检测结果应详细记录并存档。停车过程中，整车断开低压电源，所有舱门应锁好，所有门窗应关好。

燃料电池电动汽车临时停车时，应尽可能将汽车停靠在不影响其他车辆行驶的场所，尽可能远离火源、热源、高压线，易燃、易爆物等危险物品。

1.2 氢燃料电池电动汽车加氢过程中的安全

1.2.1 氢气质量要求

氢燃料电池电动汽车加注的氢气纯度必须满足 ISO 14687：2019《氢燃料质量 产品规范》要求。表 5-1 列出了标准中规定的氢气组分及可允许的杂质含量要求。

表 5-1　　　　　　　　　　　　　氢气质量参数表

序号	组分	限值	序号	组分	限值
1	氢气	≥99.97%	10	一氧化碳（CO）	≤0.2μmol/mol
2	水分（H_2O）	≤5μmol/mol	11	总硫（以 S1 计）	≤0.004μmol/mol
3	非甲烷总烃（以 C1 计）	≤2μmol/mol	12	甲醛（HCHO）	≤0.2μmol/mol
4	甲烷	≤100μmol/mol	13	甲酸（HCOOH）	≤0.2μmol/mol
5	氧（O_2）	≤5μmol/mol	14	氨（NH_3）	≤0.1μmol/mol
6	氦（He）	≤300μmol/mol	15	总卤化合物（以卤离子计）	≤0.05μmol/mol
7	氮（N_2）	≤300μmol/mol	16	最大颗粒物浓度	≤1mg/kg
8	氩（Ar）	≤300μmol/mol	17	杂质总含量	≤300μmol/mol
9	二氧化碳（CO_2）	≤2μmol/mol			

1.2.2 加注车辆检查

加氢站建立加氢安全检查表，检查包括加氢前到加氢后整个过程，要求加氢工人严格对照安全检查表对气瓶瓶体、供氢管路、阀门接口、管路连接件等部件做充装前、后检查，并记录检查结果。以下详细介绍加氢安全检查的基本内容，建议在此基础上依照实际情况予以调整扩展。

（1）加氢前的检查

① 车辆资质检查。确认加氢车辆是否携带有效期内的气瓶特种设备使用登记证原件，如不符合规定则不予充装。

② 检查车况，确认是否符合充装要求，具体如下：

a. 检查气瓶及其附属的框架外观，是否有凹陷、鼓包、裂纹、变形等状况。如发现异常情况，应立刻联系运营公司及气瓶维修检测公司，要求其对气瓶做相应的检测及维修，并暂停车辆后续的加气计划，直到气瓶维修确认后再予以恢复充装。

b. 检查气瓶内残余氢气，一般压力不低于 2MPa 方可允许充装。低于 2MPa 的情况属于异常，需要确认是否为新瓶首次使用或者大修、检测后的首次使用。对于首次使用的储氢瓶，应先进行氮气和氢气置换，然后才可正常充装使用。

c. 检查气瓶的配套管路接头是否有松动或脱落现象，用经过校准且在有效期内的便携式氢气探测仪对气瓶的各个接头和附件进行泄漏检测，如仪器显示为0，表示检测点无泄漏。如仪器有读数，表示检测点存在疑似氢气泄漏现象，应立刻联系运营公司（对于运营车辆）及气瓶维修检测公司，要求其对涉及异常的管路及阀门接口做相应的检测及维修，并暂停车辆后续的加气计划，直到气瓶维修确认后再予以恢复充装。

d. 目测瓶组进出口的压力表是否完好无损，如果存在压力表损坏或压力表没经过校验，应立刻联系运营公司及气瓶维修检测公司，要求其对压力表做相应的检测及维修，并暂停车辆后续的加气计划，直到气瓶维修确认后再予以恢复充装。

e. 引导驾驶员远离加氢区域，进入相应的驾驶员等候区域，待车辆加氢完毕后方可返回车辆驾驶室。加氢前驾驶员应离开驾驶室，取下车辆钥匙，注意检查车内是否有乘客，确保所有人员离开乘客舱。

f. 车辆在指定停车线内停放，保持本车与加氢机安全距离，并设立相关标识及警戒线。

g. 车辆到达加氢车位后，应关闭燃料电池系统、关闭低压电源总开关、拉紧手刹，确保车辆停靠平稳，避免出现溜车等现象。确保车辆断电熄火并拔下钥匙。在车辆后轮放置前后轮挡，并对车辆进行静电接地处理，并确认车辆导静电接地装置是否正常连接。

h. 检查车辆仪表参数，高压储氢瓶内氢气气体的温度必须小于45℃，否则严禁开始新一轮加氢。

i. 检查车辆上次加氢记录，状态是否正常，如异常没有得到完全解决，禁止进行新一轮加氢。

（2）加氢过程中到加氢后的检查

氢气充装过程中需时刻关注气瓶压力表的数值与上升速度，气瓶压力不得超过气瓶设计的压力值。

充装过程中需时刻关注气瓶外观，是否出现鼓包变形等影响安全使用的严重缺陷。如发现异常情况，应立刻停止加注并联系运营公司（对于运营车辆）及气瓶维修检测公司，要求其对气瓶做相应的检测及维修，并暂停车辆后续的加气计划，直到气瓶维修确认后再予以恢复充装。

充装过程中需时刻关注气瓶的瓶体温度，气瓶温度在85℃以内为正常。如瓶体温度超标则为异常，应立刻停止加注并联系运营公司（对于运营车辆）及气瓶维修检测公司，要求其对该车气瓶做相应的检测及维修，并暂停车辆后续加氢计划，直到气瓶维修确认后再予以恢复充装。

检查充装完成后的气瓶配套管路接头是否有松动或脱落现象，用经过校准且在有效期内的便携式氢气探测仪对气瓶的各个接头和附件进行泄漏检测，如仪器显示为0，表示检测点无泄漏。如仪器有读数，表示检测点存在疑似氢气泄漏现象，应立刻联系运营公司（对于运营车辆）及气瓶维修检测公司，要求其对涉及异常的管路及阀门接口做相应的检测及维修。

充装完毕后，需将加氢口防尘帽归位并确保盖好，将加氢口舱门关闭，并确保其处于锁闭状态。

车辆下线第一次加氢或检修供氢系统后第一次加氢，供氢系统应该先置换氢气，并对管路进行氢气保压检漏。

在加注氢气完毕后，驾驶员应确认加氢枪和静电接地线已拔下，加氢口压力表读数在正常范围内，加氢口防尘罩已归位，并将加氢口舱门锁好。驾驶员上车后，先查看仪表中的气瓶压力和温度数据是否正常，有无报警故障，确认无故障后启动车辆，驶离加氢站。

1.2.3 氢气加注步骤

（1）通用步骤

加氢操作人员首先对照安全检查表对气瓶瓶体、供氢管路、阀门接口、管路连接件等部件做充装前、后检查，并记录检查结果。如下为气瓶安全检测及氢气加注作业流程：

① 加氢员佩戴合适的个人防护用品（Personal Protective Equipment，PPE），触摸静电释放装置，进入加氢区域。

② 引导加氢车辆进入加氢特定区域，记录车载仪表相关数据，驾驶员将车辆熄火，断电，拔下车钥匙，并进入指定等候区域。

③ 加氢车后轮放置前后轮挡，对加氢车进行静电接地。

④ 对加氢车气瓶进行检查，瓶内余压要不小于 2MPa 且气瓶特种设备使用登记证在检验有效期内，才允许予以加注氢气。

⑤ 加氢员用便携式氢气检测仪对车辆受气口及其附属连接管路进行检测，如有疑似泄漏情况，拒绝加氢。

⑥ 加氢枪头接入加氢口，手动拨至"ON"。

⑦ 操作加氢机键盘按钮，开始加氢。

⑧ 加氢完成后电脑控制器自动停止加氢，如不需要加到设定压力，也可按停止键手动停止加氢。

⑨ 加氢枪拨至"OFF"，取下加氢枪，盖好加氢枪枪口防尘帽，放回枪座。

⑩ 盖上车辆加氢口防尘帽，解除加氢车的静电接地，移除后轮前后轮挡。

⑪ 对车辆做加注后安全检查，并记录检查结果。

⑫ 记录加氢数据。

⑬ 驾驶员将车辆驶离加氢区域。

（2）撬装式加氢的操作步骤

撬装式加氢操作步骤如下：

① 将加氢设备的接地线与加氢口接地模块进行有效连接。

② 采用进气软管将氢气集装格的出气口与增压设备上低压进气口相连接，使用专用铜制工具进行紧固。

③ 利用驱动气体如压缩空气/氮气，经过气管与增压设备上的驱动气体入口相连接。

④ 将加氢枪连接到车辆加氢口，旋转加氢枪上面操作手柄至"ON"位置，微拉加氢枪确认是否连接牢固。

⑤ 各项准备工作完毕后，调节驱动气体减压阀，驱动气体压力表显示读数达到规定值 0.7MPa 左右。

⑥ 确认相关阀门已经开启，加注设备处在正常状态中，缓慢开启储氢瓶阀和进气针阀，再慢慢打开高压出口球阀，氢气流经管路阀门及增压设备进入车载高压储氢瓶。

⑦ 当车载高压储氢瓶压力与氢气气源压力达到平衡点时,打开增压设备上面驱动球阀进行增压加注。

⑧ 加注过程中操作人员不得远离加氢设备,但出于安全考虑,应尽量避开加氢口。仔细听加注过程中的声音变化及有无异响,注意周围环境有无异常及是否存在安全隐患,注意观察燃料电池车的氢系统压力表压力数值,直至达到目标加注压力。

⑨ 当增压到指定加注压力时,关闭驱动球阀和储氢瓶阀。

⑩ 缓慢打开高压放空球阀,从而放空增压设备到加氢枪之间管路的气体。

⑪ 气体放空完成,将加氢枪上面操作手柄旋转至"OFF"挡位置,退出加氢枪并放回原位。

⑫ 按次序确保进气针阀、高压出口球阀、高压放空球阀处于关闭状态,氢气加注结束。

⑬ 使用便携式氢气检漏仪检测加氢口是否存在氢气泄漏情况。

⑭ 将加氢口上的防尘罩复位,观察加氢口上压力表读数正常,并记录。

⑮ 通知司乘人员,待驾驶员和加注人员签字确认后,取下静电接地线,将加氢口舱门锁好,引导驾驶员将车辆驶离加注站。

(3)移动式加氢设施加氢

利用移动加氢车或移动橇装式加氢设施上的储氢装置,通过移动式加氢设施上的增压装置进行增压,增加储氢瓶加注压力,通过加氢设施上的氢气加注装置,给车辆进行快速加氢。加氢具体操作需满足 GB/T 31139—2014、GB 4962—2008 中规定的使用要求,车辆服从加氢现场管理人员的引导指挥,并做好加氢记录。

(4)加氢站加氢机加氢

利用加氢站储存高压氢气进行加氢时间短,需 5~15min,采取平衡加注方式可以连续加注多个车辆。加氢时,将加氢枪与车辆加氢口连接好,设定加注氢气质量或金额,达到设定条件或高压储氢瓶压力达到储氢瓶加注压力,加氢机自动停止加注。

燃料电池电动汽车在加氢站加注氢气时,车辆进出及驾驶员操作应遵守加氢站的管理规定,服从加氢站管理人员的引导指挥,并做好加氢记录。

1.2.4 氢气加注过程中的安全注意事项

按规定做好加氢前、加氢后的站内安全检查,并做好记录。对于异常情况车辆,严禁加氢作业。

加氢之前确认车辆熄火、下电、拉紧驻车制动,并在后轮放置前后轮挡;严禁在整车未断电、静电导出线未连接的情况下进行加注。

加气过程中时刻关注气瓶压力与气瓶状态,发现任何异常立刻停止加气并安排车辆气瓶检测维修,在异常情况未排除之前该车辆不得再次进行加注作业。如加气过程中发现气瓶漏气情况,除停止加气,还需立刻启动站内车辆氢泄漏事故应急处理预案。

指定驾驶员等候区域,加氢过程中驾驶员必须处于安全区域内,既有利于加氢过程中的车辆及站内设备安全,也对驾驶员个人安全有利。

制定加氢车辆驾驶员操作安全指南,包括加氢车辆及驾驶人员进出登记规范、站内区域行车路线、站内区域道路限速、站内禁止吸烟及禁止使用电子设备等,并在站内显著位置公示相关规定,必要时可依证据对违规驾驶员做出相应的处罚。

参考监管部门相关规定，加氢站人员必须经过正规培训并持证上岗，严禁非专业人员操作；专业人员操作需遵守相关规定。

加注过程中，禁止无关人员进入加注现场。

严禁在密闭的场地进行氢气加注。

严禁加注压力超出系统最大加注压力。

进行氢气加注时，储氢瓶瓶阀中的手动截止阀应为开启状态，在非特殊情况下严禁关闭气瓶阀上的手动截止阀。

压力释放装置（Pressure Relief Device，PRD）口应保持通畅，不应该有物体妨碍氢气排出，出口防尘帽应无脱落。

严禁随意调整减压阀出口压力，严禁随意调整安全阀，严禁随意打开排空针阀。

1.3 燃料电池电动汽车维修过程中的安全注意事项

1.3.1 燃料电池电动汽车维护安全注意事项

对氢系统管阀件进行维护作业时，应选择通风良好的地点，将管路内的氢气排空再进行零部件的维护。

操作人员在放氢气作业前，应设置警示标识或隔离带，要触摸静电释放器，将身体静电导除；放气操作人员应培训、考试合格后上岗操作。

氢燃料电池车辆如需进行动火等整改工作，需将氢气放空后作业；放气现场安全区域内禁止携带打火机、火柴、非防爆对讲机、手机等火源火种和易产生静电的物品入内；放气现场安全区域30m内禁止使用明火作业；放气现场严禁穿易产生静电的服装或带铁钉的鞋进入；放气现场安全区域内使用的工具应为防爆工具；放气作业区域，仅用于放气作业，其他作业活动严禁在此区域内进行；放气过程中，应关闭车辆的电源及门窗，同时打开车厢顶部所有天窗；放气过程中，除指定的放气操作人员外，其他人员一律不得入内；车辆放完氢气后，需对车辆四周、舱体和车厢内部进行检测，确保无余气后，方可驶离；雷雨天气禁止放气作业。

1.3.2 燃料电池电动汽车检修安全注意事项

非氢系统检查维修：如果不涉及动火，检查维修工作只需要确保周围空气流通良好，如在室内维修，确保厂房内部净空高度不低于8m；如果涉及动火，必须将本车内氢气泄放完毕或将氢系统完整拆卸下来后方可动火。

氢系统动火检修前，保证系统内部和动火区域的氢气体积浓度在安全范围以内；检修或检验设施应完好可靠，个人防护用品穿戴符合要求；防止明火和其他激发能源进入禁火区域，禁止使用电炉、电钻、火炉、喷灯等一切产生明火、高温的工具与热物体；动火检修应选用铜质工具。

所有动火检测，必须确保明火周围3m范围内没有其他无关的氢燃料系统。

1.4 燃料电池电动汽车出现紧急情况处理办法

1.4.1 氢气泄漏处理

（1）燃料电池电动汽车发生氢气泄漏的若干预兆

燃料电池电动汽车发生氢气泄漏的主要预兆包括：氢气管路松动；压力表的压力读数

持续下降；氢气泄漏报警；氢系统低压报警；管路安全阀泄压；储氢瓶 PRD 泄压；氢气管路变形；阀门变形；储氢瓶表面出现损伤；储氢瓶或阀门出现位移或错位；加注时间异常；加氢结束后气瓶压力快速降低（需排除加氢后气瓶压力受温度下降的影响）；燃料电池低压报警。

（2）燃料电池电动汽车氢气泄漏应急处理措施

① 氢气加注时发生泄漏。

出现高压氢气泄漏，应立即停止高压氢气加注操作，将氢气供应源从泄漏系统隔开，并将管路中的压力释放掉，等待修复；现场作业人员立即按下停止加氢按钮或拍下急停按钮，拔下加氢枪。

对于泄漏量较小的情况，应立即关闭储氢瓶阀，将车辆推离站区，疏散其他人员及车辆，并立即逐级上报，准备灭火器等消防设施防止火灾发生。泄漏量较大时立即停止加注，疏散人员车辆，准备灭火器，连接消防栓、消防水袋等消防设施准备火灾事故应急响应，拨打 119 电话报警，并立即逐级报告。

无法控制的泄漏出现时，应首先保护现场人员的安全，立即疏散泄漏污染区的相关人员，按照设定好的指定路线撤离、集合，在集合地点清点人数。

氢气集装格或储氢罐安全装置发生泄漏时，应先将氢气集装格或储氢罐内氢气排空，再检查修复。

发生泄漏时，车辆、设备等不得再次启动，及时通知相关人员进一步排查。

加氢现场需要技术人员前往处理时，及时联系技术人员，并详细、清晰描述现场情况。

② 车辆运行中发生泄漏。

燃料电池电动汽车在行驶过程中，当发现氢气泄漏时，应立即靠边停车，疏散人员。车辆停放地点尽量不靠近道路公共设施，如桥梁、路基等，以及人员稠密地区，位置要求通风良好，附近严禁有明火。然后驾驶员要关闭氢阀开关、拔下车辆钥匙，关闭电源翘板开关，设立警戒标识，并通知售后人员及时到场。如果是客运燃料电池电动汽车，则立刻疏散车内人员并打开所有车窗进行通风。如果是货运燃料电池电动汽车，应立刻检查货箱内是否有易燃易爆物品，如有则尽快移除易燃易爆物品。

紧急查找漏气点，并查看车辆储氢瓶压力，当发现压力超压时立即打开超压排放阀进行压力排放，直到压力降到 0.1~0.3MPa，关闭阀门并确定阀门无泄漏；当车辆储氢瓶压力正常时，如能发现泄漏点，可先用专用工具对泄漏部位加以紧固，同时通知专职调度人。如果事态进一步恶化，得不到有效控制，或者出现着火现象，驾驶员应及时划出危险警戒区，禁止无关人员和车辆靠近。

由于车载气瓶内压力远大于外部气压，因此氢气泄漏最怕的就是氢气聚积与火源。一旦氢气泄漏严重，具体处置措施如下：

a. 氢气发生大量泄漏或积聚时，首先应当拨打报警电话，并采取如下措施：及时切断气源，并迅速疏散所有人员至泄漏污染区上风处；对污染泄漏区域进行通风，对已泄漏的氢气进行稀释，防止氢气聚集。若不能及时切断气源，应采用水雾进行稀释，防止氢气积聚形成爆炸性气体混合物；高浓度氢气会使人窒息，应及时将窒息人员移至通风良好处，进行人工呼吸，并迅速就医。

b. 当氢气发生泄漏并着火时，首先应切断气源，并采用水或者干粉强制冷却泄漏的气瓶，防止因着火导致气瓶气温以及气瓶内气压剧上升带来的更大危害。其次，采取措施，防止火灾扩大，如采用大量消防水雾喷射其他引燃物质和相邻设备，防止次生灾害。另外，由于氢气火焰肉眼不易察觉，消防人员应佩戴自给式呼吸器，穿防静电服进入现场，注意防止外露皮肤烧伤。

③ 发生交通事故后引起泄漏。

当燃料电池车辆在运行中发生交通事故引起氢气泄漏等紧急情况，紧急处理措施如下：

a. 交通事故发生后，应及时检查人员情况，驾驶员第一时间打开乘客舱门并疏散乘客，关闭车辆钥匙，按下高压应急开关，打开所有车窗进行通风，设置警戒标识。

b. 对车辆供氢系统进行检查，查看是否有泄漏现象。

c. 发现车辆有漏气情况时，应该立即打开超压排放阀进行压力排放，当驾驶员无法控制泄漏点时，及时将现场情况报告给专职调度人，按应急方案进行控制。

d. 事故车的处理地点尽量避免在人口密集地区，如只能在原地进行处理，应在周围设置警戒线，及时疏散附近人员。

（3）燃料电池电动汽车氢气泄漏时的其他注意事项

燃料电池电动汽车氢气泄漏时的其他注意事项如下：

① 氢系统的应急处置应由经过专门培训的维修人员实施，维修人员应着装防静电服、防静电鞋，并去除身上的静电。

② 氢气属于易燃易爆气体，在应急处置现场，维修人员应时刻注意不允许出现火花、高温热源、明火等易引燃氢气的操作，不允许使用电动工具、电焊、非防爆工具等。

③ 严禁私自拆卸、敲击氢气管道和储氢瓶，严禁带压操作。

1.4.2 燃料电池电动汽车火灾处理

（1）火灾一般处理程序

当发现燃料电池电动汽车的起火征兆，应第一时间打开乘客门并疏散乘客，关闭车辆钥匙，关闭电源翘板开关，设立警戒标识。然后，使用合适的灭火器进行灭火，同时大声呼救，并迅速组织人员开展应急处置行动，同时立刻报警求救。

（2）火灾处置措施

初起火灾，应迅速查明燃烧位置、燃烧物品的主要危险特性、火势是否有蔓延、燃烧产物是否有毒。

现场人员应就近取材，进行现场自救、扑救，控制火势蔓延。必要时，佩戴相应绝缘防护用品，防止触电。

正确选择最适合的灭火剂和灭火方法，对普通物品的火灾，可采用干粉、消防水等灭火；当发生电气火灾，首先应切断电源，然后用二氧化碳（或干粉）等灭火器扑灭。

遇有火势较大或人员受伤时，现场人员在组织自救的同时，应及时报告应急指挥部，紧急时可直接拨打火警电话和急救中心电话（表5-2），求得外部支援；求援时必须讲明地点、火势大小、起火物资、联系电话等详细情况，并派人到路上接警。

将受伤人员及时转送医院进行紧急救护。

火灾扑灭后，应保护好现场，接受事故调查并如实提供火灾事故的情况。

表 5-2　外部机构联系电话

序号	类型	电话
1	报警求助	110
2	医疗救护	120
3	火警	119
4	交通事故	122
5	红十字会紧急救援	999

（3）火灾处置注意事项

不能用消防水的情况：电气设备短路导致电弧放电但无明火的车辆应首先切断电源，然后用二氧化碳（或干粉）等灭火器扑灭，不可直接用消防水枪等水源对着电气设备进行喷射，以免水作为导体引起二次灾害。

可用消防水的情况：当事故不是初起状态，而是某一部位处于明火燃烧状态且人员不可靠近时，应在人员远离车辆 10~15m 的情况下使用消防水灭火。

救援时要佩戴好防护用品，防止有毒气体或烟气侵入人体；没有穿戴相应防护器具的人员严禁参加抢险行动。

应正确使用抢险救援器材，不得冒险和蛮干；参与抢险的人员要注意观察风向、地形，选择正确位置，提高预防中毒的警惕性；在火场中或在有烟的室内行走，应尽量低身弯腰降低高度，防止窒息；面对火灾的自救与逃生，首先应躲避浓烟，能向下跑的决不能向上跑，其次是躲避大火，然后撤离到安全地带。

险情发生至现场恢复期间，应封锁现场，禁止无关人员进入。

拨打 120 电话报警时，应说明受伤者的受伤情况，以便让救护人员事先做好急救的准备。

 学习检查

燃料电池电动汽车在加氢气时，需要注意什么？如果发生了氢气泄漏，我们需要进行什么样的操作？

任务 2　氢燃料电池汽车日常使用操作规范

 任务导入

在氢燃料电池汽车的日常使用和维护中，规范的操作流程是保证车辆安全、提高使用效率的关键。通过本任务，我们将学习操作规范，包括启动与关闭程序、维护检查点和操作中的安全注意事项，以确保氢燃料电池汽车的高效和安全运行。

 任务目标

● 素质目标

增强对氢燃料电池汽车操作安全的重视，树立"安全无小事"的理念

培养责任心，确保每一步操作都严格按照规范进行，避免因疏忽大意引发事故

提升职业素养，培养遵守纪律、勤于学习和自我提升的习惯

- **知识目标**

掌握燃料电池汽车的基本结构和工作原理，理解其与传统燃油汽车的差异

熟悉燃料电池汽车的启动、行驶、停车等操作步骤，以及相应的安全注意事项

了解氢燃料电池汽车常见的故障类型、原因和排除方法，能够进行基本的故障诊断和排除

- **技能目标**

能够熟练驾驶燃料电池汽车，并根据交通状况进行安全、高效的行驶

能够进行燃料电池汽车的日常检查和维护，确保车辆处于良好的工作状态

能够初步判断和排除燃料电池汽车的常见故障，并及时进行维修

 相关知识

2.1 燃料电池汽车运行操作流程

燃料电池汽车在使用时需要规范操作，以下是燃料电池汽车的一般运行操作流程。

2.1.1 启动

打开车门并进入驾驶座。

插入车钥匙或按下启动按钮启动汽车。

系好安全带，并确保所有乘客也系好安全带。

2.1.2 检查仪表盘

检查仪表盘上的警示灯和信息显示，确保没有故障警报。

确认氢气储量是否足够，并检查燃料电池堆和电池的状态。

2.1.3 加速和行驶

将变速杆置于"D"挡（前进挡），松开刹车踏板，轻轻踩下加速踏板。

燃料电池堆将氢气和氧气进行化学反应生成电力，驱动电动机运转。

在城市或高速公路上行驶时，驾驶员可以根据交通状况调整速度和方向。

2.1.4 减速和刹车

松开加速踏板，轻踩刹车踏板进行减速。

燃料电池汽车通常配备了再生制动系统，当刹车时，动能会转化为电能，存储在电池中以备后用。

2.1.5 停车

将变速杆置于"P"挡（停车挡），松开刹车踏板。

关闭发动机，取出车钥匙或按下关闭按钮。

确保车辆已完全停稳，才能安全下车。

2.2 燃料电池汽车维修

燃料电池汽车的检修与维护需要专业的知识和技能，以下是一些关键步骤和注意事项。

2.2.1 燃料电池汽车检修维护场地要求

燃料电池电动汽车的检修维护场地应符合以下要求：

① 燃料电池电动汽车检修与维护场地应设置防火墙，且防火墙要满足当地的防火管理部门要求。
② 必须防止氢气进入相邻的办公室，尤其是那些位置比车辆高的办公室。
③ 在爆炸可能发生的地方设置相应的警告标志。
④ 在维修工厂和车库以及相邻的一定区域内禁止吸烟。
⑤ 工作人员必须穿着防静电服，例如100%的棉服。
⑥ 在这些建筑中禁止对车辆进行燃料补给。
⑦ 车辆在加氢之后的10min内禁止驶入封闭的建筑物。
⑧ 发生氢气泄漏的车辆禁止进入维修车间，除非所有的氢气都已排出。
⑨ 在车辆驶入一个封闭建筑物之前，必须检查车载安全控制系统以确保其没有故障。
⑩ 仪表应指示没有任何氢气泄漏，无氢气泄漏报警。
⑪ 气瓶压力检测正常，停机状态压力无明显下降。
⑫ 在氢系统开始工作之前，首先应用便携式的氢气传感器检测所有接头是否有氢气泄漏。
⑬ 电气设备（例如正在移动升降的起重机）在车辆上方的危险区域操作时，必须事先检测车辆是否存在氢气泄漏。
⑭ 那些能够产生火花的工作（如焊接，磨削）必须远离载有氢气的车辆；此外，还需使用便携式防护装置将氢燃料电池汽车和产生火花的工作隔离开；除非燃料电池汽车辆与氢气释放管道相连，否则氢燃料电池汽车与能够产生火花的工作至少相距5m；当有氢气警告或者报警产生时，这些产生火花的工作必须立即停止。
⑮ 各种包含有压缩氢气的管道必须装配紧密，在氢气排空后，需使用防爆扳手进行拆卸。
⑯ 在进行维修工作的时候，燃料电池车辆必须接地，以防止产生静电。
⑰ 将氢气从燃料电池车辆里排出之后，传统的维修工作（例如维修车体和车轴）也可以在封闭的建筑物中进行，且在这种建筑物中不必装备专用的安全设备（例如排空管和诵风设备）。
⑱ 警示灯必须提供足够的亮度，以警示技术人员从车顶区域安全撤离，保证所有工作人员离开维修厂并提醒消防队采取行动。
⑲ 在载有氢气的燃料电池车辆上，推荐用手持式防爆灯检测故障。

2.2.2 维修注意事项

在对燃料电池系统维护保养前必须使用万用表连接电堆正负极输出端，确定燃料电池发动机系统处于非放电状态后才能进行后续相关操作。以下为燃料电池检修时的注意事项。

（1）安全防护
① 个人防护设备。技术人员在操作时必须佩戴适当的个人防护用品，包括绝缘手套、防护眼镜、防静电服和防护鞋。
② 静电防护。避免静电积聚，操作前确保身体接地，特别是在接触氢气系统时。

（2）操作环境
① 通风良好。在通风良好的地方进行燃料电池系统的维护和检修，避免氢气积聚，

以防止爆炸。

② 无火源。检修区域必须杜绝一切火源和易燃物品，避免吸烟或使用明火。

③ 专用工具。使用专门设计的工具进行检修，防止产生火花或损坏关键部件。

（3）高压系统

① 断电操作。在进行任何检修前，必须确保车辆处于断电状态，并断开所有高压电源。

② 高压电缆处理。处理高压电缆时，需格外小心，使用专用绝缘工具，防止触电事故。

③ 标签警示。在检修区域设置明显的警示标识，提醒其他人员高压危险。

（4）氢气系统

① 泄漏检测。在检修前后必须进行氢气泄漏检测，确保系统密封性良好，避免任何形式的氢气泄漏。

② 排气处理。如果需要释放氢气，必须在专门的排气设备或排气区域内进行，以确保安全。

③ 氢气管路检查。定期检查氢气管路和接头，确认无磨损、腐蚀或老化现象，必要时更换。

（5）冷却系统

① 冷却液排放。排放或更换冷却液时，确保系统冷却到安全温度，避免烫伤或液体飞溅。

② 防冻保护。使用制造商推荐的冷却液，确保冷却系统在低温环境下不会冻结或影响散热。

（6）燃料电池堆

① 堆栈检查。在检查或更换燃料电池堆时，避免对堆栈施加物理压力或冲击，防止损坏膜电极组件。

② 温度控制。在系统运行时，监控燃料电池堆的温度，防止过热或过冷，确保在最佳工作温度范围内。

（7）系统诊断

① 专业设备。使用专用的诊断设备检测燃料电池系统的状态，包括电压、电流、温度和其他关键参数。

② 软件升级。确保控制系统的软件版本是最新的，以利用最新的功能和安全更新。

（8）文档记录

① 维修记录。每次检修后，详细记录所有操作步骤、检测结果和更换的零部件，确保有完整的维修历史档案。

② 问题报告。如发现异常情况，及时记录并报告，必要时联系制造商寻求技术支持。

（9）监控各项数据

① 车辆行驶过程中必须随时监控电堆各项数据，即开启监控系统后才能运行电堆，关闭电堆后才能关闭监控系统。

② 车辆行驶过程中，要保证氢气、空气、冷却水同时供应，缺一不可。

③ 系统运行过程中单片电池电压不能低于0.4V，否则会自动停机。

④ 氢气操作压力不能高于2.1MPa，否则系统会自动停机。

⑤ 空气操作压力不能高于0.12MPa，否则系统会自动停机。

⑥ 冷却水压力不能超过0.1MPa，否则系统会自动停机。

⑦ 电堆冷却水入口温度不能高于70℃，否则系统会自动停机。

2.2.3 燃料电池系统检修后安装与调试说明

（1）产品安装说明

燃料电池系统必须安装于无污染的环境中，避免阳光直射。此外，要求做到操作空间空气流通，安装过程中预留一定的检修空间。

燃料电池安装人员、电器接线人员及线束人员需要具备一定的事前培训，才能上岗作业。

① 安装前准备。

校准整车的安装空间（包括燃料电池系统及空气滤清器、膨胀水壶，各种管路接头尺寸的定型与变径等）是否满足要求。

校准安装固定孔径是否准确；校核高低压电器接口定义是否正确。

对整车水路、膨胀水壶、散热器进行清洗，避免杂质进入电堆。

需要预留一定的检修空间：系统外围预留200mm，系统离地500mm，空压机控制器与燃料电池控制器上方需预留检修窗口。

② 安装布置方式。

根据燃料电池系统的机械结构形式对燃料电池系统吊装或者叉车安装。

空气滤清器必须安装在便于进气的位置，膨胀水壶安装位置必须高于燃料电池系统，水管路安装布置需要平滑。

③ 燃料电池系统安装与接口信息。

燃料电池发动机系统主要由电堆主模块、散热系统和辅助配件系统组成。燃料电池堆主模块安装包括：氢气入口管路安装、固定，氢气尾排管路安装、固定，空气尾排管路安装、固定，水管路安装、固定，以及通信电缆和输电电缆安装和固定。燃料电池散热系统安装主要包括：散热系统总成安装与固定，补水箱安装和固定，以及管路的连接。辅助配件系统安装主要包括：DC/DC转换器安装与固定，辅助加热系统的安装与固定。

④ 具体安装要求。

a. 子系统安装支座需要具备抗震动要求且与车体之间达到绝缘要求，子系统下方不宜安装其他设备，或者子系统下方安装强防水的设备，子系统与车体之间需要预留一定的空间，方便安装气体管路、水路管路和电路管路。

b. 氢气管路需要进行严格的清洗与干燥（建议分别使用石油醚、无水乙醇清洗，再用氮气吹扫后封闭），防止管路中的杂质污染电堆，同时在氢气入口需要加装气体净化装置，并在靠近发动机舱处安装手阀，氢气尾排口需要安装在高于客车窗户处。

c. 水管路安装要保证软管弯折处平滑，无死弯，弯折处不能低于管路安装位置，水路手阀固定在接口板处，接口板安装处需要预留一定的空间，方便后续维护并进行绝缘处理。

d. 散热器系统组装和固定需采用减震防松动措施；车顶管路采用吊装方式，不得与车顶蒙皮接触；管路和电缆需要穿过车顶板或内板时，应采用防磨措施。

e. 辅助加热系统安装需考虑防水、防震，固定牢固可靠；DC/DC 转换器安装应考虑防水和散热。

f. 安装的系统部件之间以及系统与车体之间需要达到一定的绝缘要求。

g. 系统安装的水路与电路线路要做到长度适宜，且不能有干扰。

h. 发动机系统的高压线束和低压线束分布要清晰且分别加以保护。

i. 车顶部分需要进行防水处理。

（2）调试说明

安装完成之后需要对系统与整车进行调试处理，主要包括：保压测试、绝缘测试、零部件可控和活化测试等，调试过程如表 5-3 所示。

表 5-3　　　　　　　　　　　调试过程

序号	保养项目	具体操作方法	预计时间	备注
1	检测各单元部件是否正常运转并可控	整车上电,使用电脑检测	10min	各项数据正常
2	系统氢气子系统测漏	整车上电,吹扫口通入氮气,压力 0.05MPa,通过显示屏观察氢气入口压力变化；整车上电,通过整车控制通入氢气,手持测量仪测漏	40min	20min 压降低于 0.02MPa 无警报声
3	冷却子系统泄漏检测	水泵单独循环,目视观察管路各接口处有无渗漏	10min	无渗漏现象
4	打开系统的后挡板,进行清洁	用抹布或吸尘器进行清扫除尘	30min	清理干净,无灰尘沉积
5	检查固定螺丝是否松动	使用螺丝刀紧固	15min	不能破坏系统
6	抢电缆绝缘检查	检查发动机正负极与车体电阻	5min	绝缘电阻>1MΩ
7	负载控制器风扇检查	检查风扇运行情况	5min	—
8	维修问题部件	根据具体情况	—	需提前申请

2.2.4　燃料电池系统检修后运行操作说明

（1）启动前检查

燃料电池发动机系统在启动前需要进行如下检查，但不局限以下几点：

① 电堆模块外观检查。检查燃料电堆模块是否有破损、变形等，表面是否有划痕。

② 氢气浓度检测。检测系统上方氢气浓度，若有漏点则需在通风状态下开启氢气阀门寻找漏点处，并进行维修。

③ 接口处检查。发动机冷却水外加阀门关闭，接口处无漏水、松动；氮气吹扫接头关闭，接口无杂物填塞，外形正常，固定牢固可靠；电堆冷却水出入口管道接口无松动，无漏液；空气管路卡箍无松动，固定牢靠；CAN 线外置插件连接正常，无松动；控制器 24V 低压线束连接正常；弱电连接线无空插头悬空，固定牢固。

④ 水箱水位检查。水箱水位需要保持在正常水位范围内，如果不足需要从外部加入去离子水。

⑤ 散热器检查。检查散热器是否有损坏或变形，是否存在漏液。

（2）开机阶段

① 检查系统电气线束、高压氢气管路、冷却水管路是否连接正常；确定氢气阀门是否打开，CAN 通信是否连接正常。

② 打开整车电闸，24V 上电，检查电池温度是否为环境温度；连接电脑监控检查控制器、巡检器是否有通信，通信有无加速或延迟现象。

③ 整车上高压电，检查燃料电池输入高压是否正常或存在波动现象。

④ 手动检查项目。

a. 手动开启氢气入口电磁阀，检查氢气入口压力是否在正常范围内，用氢气检测仪检验系统外部是否存在漏气（特别是卡套和接口处）。

b. 手动开启散热风扇，检查其是否能正常工作。

c. 手动开启空压机，检查空气入口压力、空气出口压力是否正常。注意：若空压机散热水管路里没有水，空压机开启时间不能超过 2min。

d. 检查完毕，系统加水，打开水箱入口球阀，液位达到限定值后停止加水。

⑤ 手动开启水泵、空压机、氢气入口减压阀和氢气尾排气阀；检查巡检电压是否正常。

⑥ 逐一关闭空压机、氢气入口减压阀、水泵，整车断高压电，最后断 24V 电。

⑦ 整车上 24V 电，上高压电，通氢气，开启燃料电池。发动机输出电压高于 230V，视为启动完成。若不能正常启动则关闭系统（持续 1.5min）。完全关闭后再次开启系统。

（3）行车过程

① 车辆行驶过程中需要有实时监测记录数据并且截图保存。需要监测的项目有：通信是否正常（有无干扰、延迟或加速），电流和功率的加载速率，冷却水入口、出口的温度，冷却水入口压力，输出电压。

② 车辆行驶过程中，燃料电池发动机系统不能长时间处于过载状态，车辆行驶的速率不能超过规定限制，尽量避免车辆急弯或急加速，减少发动机怠机时间和启停次数。

③ 油门控制：由于整车限制及控制策略的作用，在车辆加速时，需要轻踩油门缓慢加速。

（4）关机阶段

① 检查水箱中水量是否在正常范围内，是否需要外部注水；检查检测网络是否正常，记录功能是否正常；根据数据判断吹扫模式（数据显示性能正常选择性吹扫，单电池电压偏低或均匀性差使用氮气吹扫）。

② 关闭燃料电池输出继电器，氢气源电磁阀，关闭后持续 2min 后才能进行后续操作。

③ 发动机冷却水出口水温高于 50℃时，进行氮气吹扫氢气腔 5~10min，风机吹扫空气腔 5~10min，随后逐一关闭风机、水泵，整车断高压电和 24V 电。

（5）使用中的安全措施

① 燃料电池发动机系统不能长时间处于怠速状态，低载时间超过 10min，要选择提高负载或者停车。

② 利用行车间隙，司机应查看燃料电池发动机是否存在漏水、漏气、氢气尾排长开等异常现象或其他异响，并及时通报和处理，并实时查看水箱水位是否正常。

③ 网络监测人员需要做好监测工作，及时发现问题并予以处理，做好行车过程记录。

④ 及时采集整车运行数据，做到定期下载车载数据并记录，每日必须填写《燃料电池发动机日常行车记录》，便于监测车辆运行情况。

⑤ 环境温度低于10℃，电堆冷却水出口温度低于40℃时，应选择低速行驶。电堆冷却水出口温度高于40℃才可进行加载或高速行驶。电堆冷却水出口温度高于50℃后，才能停机并进行吹扫。

⑥ 应避免在空气污染严重的区域内行车（如：黑烟、燃鞭、重粉尘等）。

2.2.5 故障分析与排除

针对燃料电池系统可能出现的故障和相应的原因，排除方法如表5-4所示。

表5-4　　　　　　　　　　　故障原因及排除方法

序号	故障现象	原因分析	排除方法
1	电路短路危险/严重绝缘故障	FCS 绝缘故障	拆卸检查电堆模块
		FCS 继电器故障	更换继电器
		整车绝缘故障	维修
2	开机失败，电压值低于下限值	电子线路损坏	检查及维修
		空压机变频器故障	维修或更换
		空压机故障	维修或更换
		FCS 减压阀故障	更换
		FCS 通信故障	检查更换控制器
		FCS 进气阀损坏	更换
		空气传感器损坏	更换
		整车供氢故障	更换
		管路和接头损坏	紧固或更换
3	整车通信故障	整车故障	检查及维修
4	控制器与节点之间的通信故障	子控制器故障	更换子控制器
		电子线路损坏	检查及维修
5	氢气压力超过限值	氢传感器故障	更换
		减压阀故障	更换
		进气电磁阀损坏	更换
		电子线路损坏	检查及维修
		管路和接头损坏	紧固或更换
		电堆模块漏气	拆卸维修
6	单电池失效，电压低于下限值	巡检检测异常	更换
		空气计量比过低	调整控制策略
		氢气电极排水困难	调整控制策略
		增湿器失效	更换或维修

续表

序号	故障现象	原因分析	排除方法
7	电堆电压低于下限值	同故障2开机失败,电压值低于下限值	
		增湿器失效	更换或维修
		电堆模块故障	拆卸维修
8	空气压力值超过限度	空压机故障	检查及更换
9	冷却水出口温度超过上限	散热不足	检查及维修
		温度传感器故障	更换
		通信故障	检查线路或更换
10	水泵运行压力高于上限值	水压传感器故障	更换
		通信故障	维修或更换
11	水泵运行压力低于下限值	水量不足	加去离子水
		水泵损坏	维修或更换
		水压传感器故障	更换
		通信故障	维修或更换
12	其他故障	根据具体情况而定	

 学习检查

请简述燃料电池汽车在启动前需要做哪些常规检查。

实训：氢燃料电池汽车安全管理与操作规范

> 所需课时：2课时
> 实施形式：分组实训，每组3~6人
> 实训地点：××实训室
> 指导教师：1~2人

1. 实训目的及要求
（1）掌握氢燃料电池汽车的正确操作流程
（2）能正确处理氢燃料电池车辆紧急情况
2. 实训设备及工具
（1）设备：氢燃料电池汽车
（2）工具：常用工具1套、安全防护装备1套
3. 实训内容
（1）氢燃料电池汽车的操作
（2）氢燃料电池汽车紧急情况处理

4. 实训操作个人防护

(1) 带电工作时需穿戴劳动保护鞋、橡胶绝缘手套、安全帽、护目镜等进行操作

(2) 使用工具需规范操作，禁止随意摆放

(3) 设备拆装测试需先断电操作

(4) 使用设备前仔细阅读说明书注意事项

(5) 拆装测试前使用万用表测量设备是否带电

5. 氢燃料电池汽车实训作业安全规定

(1) 氢燃料电池汽车维修维护作业场地顶部气体易聚集处应安装防爆排风装置及氢气浓度检测报警装置

(2) 氢燃料电池汽车的维修维护作业应在燃料电池系统完全停机后进行

(3) 对氢燃料电池汽车的涉氢管路进行紧固、拆装或调整时，应对供氢管路进行排空，并使用防爆工具

(4) 对氢燃料汽车进行动火作业时，应确保管路或动火区域内氢气体积分数在安全范围内

(5) 在氢燃料汽车气瓶附近进行动火作业时，应先拆下气瓶，放入专用区域保管，或用挡板、石棉布等对气瓶进行有效隔离后方可进行作业

6. 氢燃料电池汽车的安全管理与操作实训

(1) 氢燃料电池汽车操作实训（表5-5）

表5-5　　　　　　　　　　　氢燃料电池汽车操作

序号	作业项目	作业要求及操作步骤
1	氢燃料电池汽车存放	①氢燃料电池汽车气罐中已加注氢气，必须停放于露天场地，确保场地、通道通风条件良好。燃料电池车辆在满足整车密闭空间测试要求后，可停放于室内场地，室内停车场在最高处布置氢气泄漏探测系统和联动排气系统； ②停车场地需确保通风条件良好，车辆之间的通道畅通，不得堆放其他杂物。停车场地应远离加油站、加气站、热源、可燃设施/可燃物质堆放区域、潮湿、有腐蚀性气体以及灰尘较大的地方。同时还应避免其他车辆或移动的物体对车辆造成撞击或挤压，防止意外事件的二次影响； ③专用停车场应排水、通风良好，场地极端积水高度不得高于车辆涉水高度； ④存放期间车辆加氢口必须盖上帽盖，防止雨水及灰尘侵入，同时必须确保加氢口舱门处于锁闭状态； ⑤对于日常运营状态下的氢燃料电池车辆，不可避免地需要进入地下停车场或其他环境相对封闭的通用性室内场所。建议车辆操作人员在进入这些场所之前关闭燃料电池系统，以纯电模式驶入，待离开以上场所之后再重新打开燃料系统的混动模式
2	氢燃料电池汽车的日常安全检查	①目测高压氢瓶表面是否有损伤。在管路供氢状态下使用肥皂水或检漏液检查氢系统的气密性，主要包括加注口、加注口压力表、主电磁阀、减压阀、安全阀、放空阀及各接头等，同时检查连接管路的完好性； ②目测氢系统框架是否有裂缝、变形等异常现象
3	氢燃料电池汽车加氢操作	①燃料电池车用氢气必须符合国家标准 GB/T 37244—2018《质子交换膜燃料电池汽车用燃料　氢气》要求； ②车辆到达加氢工位后应关闭燃料电池系统、拉紧手刹，夜间应关闭车灯； ③司机下车打开加氢口舱门，然后至安全区域等待； ④由加氢站具备充装资质的专业加氢人员对车辆加氢；

续表

序号	作业项目	作业要求及操作步骤
3	氢燃料电池汽车加氢操作	⑤加氢结束后司机应确认加氢枪和静电接地线已拔下,加氢口压力表读数在正常范围内,加氢口防尘罩已归位,并将加氢口舱门锁好; ⑥司机上车后,先查看仪表盘气瓶压力和温度数据是否正常,有无故障报警,确认无故障后启动车辆,驶离加氢站
4	氢燃料电池汽车操作的其他应注意事项	①燃料电池车辆应严格按照整车产品使用说明书操作; ②车内严禁使用明火,车内不放置易燃、易爆物品; ③检修操作应在燃料电池系统完全停机并确认高压端无电压后再进行; ④加完氢气后,盖好加氢口的防尘帽,避免进入杂物; ⑤车辆动力系统上电状态不能加氢; ⑥氢气管路安装和检修完成后,应对氢气管路进行吹扫,避免有异物进入燃料电池系统

（2）氢燃料电池汽车紧急情况处理（表5-6）

表5-6　　　　　　　　　　　　氢燃料电池汽车紧急情况处理

序号	作业项目	作业要求及操作步骤
1	氢气意外泄漏处理	①当发现氢气泄漏时,应第一时间疏散车内人员,关闭氢阀开关、车辆钥匙,关闭电源翘板开关,打开所有车窗进行通风,设立警戒标识,并通知整车厂售后人员及时到场; ②氢气发生大量泄漏或积聚时,首先应当拨打报警电话,并同时采取以下措施:及时切断气源,并迅速撤离泄漏污染区人员至上风处,对污染泄漏区域进行通风,对已泄漏的氢气进行稀释,若不能及时切断气源,应采用水雾进行稀释,防止氢气积聚形成爆炸性气体混合物;高浓度氢气会使人窒息,应及时将窒息人员移至通风良好处,进行人工呼吸,并迅速就医; ③当氢气发生泄漏并着火时应采取以下措施:及时切断气源;若不能立即切断气源,需用大量水强制冷却着火设备;采取措施,防止火灾扩大,如采用大量消防水雾喷射其他引燃物质和相邻设备;氢火焰肉眼不易察觉,消防人员应佩戴自给式呼吸器,穿防静电服进入现场,注意防止外露皮肤烧伤
2	车辆意外燃烧处理	①首先将钥匙开关打到OFF挡,疏散乘客,根据现场情况拨打报警电话; ②消防人员到场后,向消防人员指明氢气瓶、燃料电池系统、动力电池等重大危险源的位置,并介绍气瓶数量及瓶内氢气剩余量等信息; 在保证人身安全的情况下,有条件的进行如下操作: ①如果车辆线束冒烟起火,救援人员可佩戴简单的个人防护用品(如过滤式消防自救呼吸器、防火手套)对起火点用干粉灭火器、二氧化碳灭火器或水基灭火剂进行喷射,优先使用水基灭火剂进行灭火; ②如果动力电池箱起火,及时联系消防部门在距离起火箱5m以外位置用高压水枪进行喷射;同时,需对氢气瓶进行喷射,避免高温导致瓶和瓶尾的压力释放装置开启,造成氢气大量排出。当发生大量电池起火或电池系统火灾时,应尽快建立至少三个消防水枪阵地,向起火电池箱持续喷射大量、充足的水。火灾扑灭后,应向燃烧或被火烘烤过的电池系统继续喷水降温,防止复燃; ③如果在充电过程中出现火灾,务必第一时间停止充电,再执行下一步灭火动作; ④如果人员不慎吸入浓烟,应尽快转移并就医; ⑤条件允许的情况下,由专业人员操作,断开手动维护开关

7. 实训考核方式及评价标准

(1) 实训考核方式

① 结果成绩（满分40分）。

a. 在规定时间内能完成车辆的正确操作，且试运转成功。

b. 维修维护作业达到工艺标准要求，安全规范操作。

c. 文明安全操作，没有安全事故。

② 过程考核（满分40分）。

③ 实训报告质量（满分20分）。

(2) 实训过程打分评价标准（表5-7、表5-8）

表5-7　　　　　　　　　　实训过程打分评价标准

评分内容	标准满分分值	自我评分（30%）	班组评分（30%）	教师评分（40%）
是否遵守实训纪律(有无迟到早退等现象)	2			
是否领会实训内容，及操作流程（有无课前预习）	4			
工作流程、工艺水平操作是否规范(是否发生安全事故)	6			
是否在规定时间内完成及完成质量	10			
是否独立完成或是小组核心成员	6			
实训过程记录是否如实详尽	6			
是否遵守安全规程,做到环保节约,做到文明生产实训	4			
对实训内容提出合理性建议或评价	2			
总分	40			

表5-8　　　　　　　　　　整体打分评价标准

序号	项目要求	满分	记录	得分
1	分工情况	10		
2	协作情况	10		
3	准备工作	10		
4	具体拆卸情况	20		
5	工件摆放	10		
6	工具使用	10		
7	是否按要求进行	10		
8	装配顺序	10		
9	是否有疏漏	10		
总体评价		100		

(3) 实训记录表（表 5-9）

表 5-9　　　　　　　　　　　　实训记录表（分组实训）

班级		日期	年　月　日　午第　节	指导老师	
实训内容					
实训过程记录					
设备检查记录					
分组学生签名					
备注	1. 实训中要严格遵守《操作规程》《实训室管理制度》等规章制度，严防安全事故发生。 2. 实训前发现设备故障(除已登记尚未维修的外)，及时向实训指导教师报告。 3. 实训结束后，指导教师需认真检查实训设备、关闭电源、锁好门窗。 4. 完整填写《实训记录表》并存档。				

(4) 实训报告提要

① 实训名称

② 所属课程名称

③ 学生姓名、学号、合作者及指导教师

④ 实训日期和地点（年、月、日）

⑤ 实训目的

⑥ 实训原理

⑦ 实训内容

⑧ 实训步骤

⑨ 实训结果

⑩ 实训收获和不足

参考文献

[1] 徐志红,朱晓雯,徐彩妮. 氢燃料电池的结构特性与氢燃料电池汽车的发展概述[J]. 时代汽车,2023(13):88-90.
[2] 刘岩. 燃料电池汽车故障诊断综述[J]. 汽车文摘,2022(12):7-13.
[3] 王强,李楷,孙兵凡. 新能源汽车维护与故障诊断[M]. 北京:机械工业出版社,2020.
[4] 陈全世. 燃料电池电动汽车[M]. 北京:清华大学出版社,2005.
[5] 史践. 氢能与燃料电池电动汽车[M]. 北京:机械工业出版社,2021.
[6] 焦建刚. 燃料电池电动汽车技术详解(二)[J]. 汽车维修与保养,2016(12):98-99.